edition suhrkamp 2769

W0038910

Minsk im Sommer 2020. Eine junge Frau im ärmellosen weißen Hemd tänzelt vor einer schwarzen Mauer aus martialisch vermummten Sondereinsatzkräften: Bilder wie diese gingen um die Welt. Der Brutalität des Regimes setzen Hunderttausende mutige Bürgerinnen und Bürger aller gesellschaftlicher Schichten Gewaltfreiheit, kreative Vielfalt und dezentrale Selbstorganisation entgegen. Was sich seit den Präsidentschaftswahlen am 9. August 2020 in Belarus abspielt, geht über eine regionale Protestbewegung gegen gefälschte Wahlen weit hinaus. In Minsk und vielen anderen Städten des bis vor kurzem weithin unbekannten Landes zwischen Russland und der EU wird Geschichte geschrieben. Weiblich, friedlich, postnational – so charakterisiert die Autorin die Umwälzung in ihrem Land und stellt die Ereignisse in den Kontext europäischer und globaler Emanzipationsbewegungen.

Olga Shparaga, Jg. 1974, lehrt Philosophie am European College of Liberal Arts in Minsk. Als Mitglied der feministischen Gruppe des Koordinierungsrats, des politischen Organs der Protestbewegung, wurde sie im Oktober 2020 inhaftiert. Um einem drohenden Strafprozess zu entgehen, floh sie nach Vilnius.

Olga Shparaga

Die Revolution hat ein weibliches Gesicht

Der Fall Belarus

Aus dem Russischen von Volker Weichsel

Suhrkamp

Das Buch wurde aus dem Manuskript übersetzt.

Erste Auflage 2021
edition suhrkamp 2769
© der deutschen Ausgabe Suhrkamp Verlag Berlin 2021
Alle Rechte vorbehalten, insbesondere das der Übersetzung,
des öffentlichen Vortrags sowie der Übertragung
durch Rundfunk und Fernsehen, auch einzelner Teile.
Kein Teil des Werkes darf in irgendeiner Form
(durch Fotografie, Mikrofilm oder andere Verfahren)
ohne schriftliche Genehmigung des Verlages reproduziert
oder unter Verwendung elektronischer Systeme
verarbeitet, vervielfältigt oder verbreitet werden.
Satz: Satz-Offizin Hümmer GmbH, Waldbüttelbrunn
Druck: C. H. Beck, Nördlingen
Umschlag gestaltet nach einem Konzept
von Willy Fleckhaus: Rolf Staudt
Printed in Germany
ISBN 3-518-12769-8

Die Revolution hat ein
weibliches Gesicht

Belarus. Beginn einer Revolution

Vorwort

Seit den Wahlen im August 2020 wurden in Belarus mehr als 33 000 Menschen verhaftet und wegen der Teilnahme an friedlichen Demonstrationen mit Arreststrafen belegt.[1] Gegen mehr als 2300 Personen leitete das Regime von Diktator Alexander Lukaschenko Strafverfahren ein. Sie hatten bei den Wahlen kandidieren wollen, unabhängige Kandidaten unterstützt oder gegen das offenkundig gefälschte offizielle Wahlergebnis protestiert.[2] Mehr als 300 Menschen sind nach internationalen Kriterien als politische Gefangene anerkannt.[3] Unter ihnen sind 38 Frauen. Gegen weitere 141 Frauen laufen Strafverfahren.[4]

Eine der politischen Gefangenen ist Maria Kolesnikowa. Sie ist weltweit zum Gesicht der belarussischen Proteste geworden.

Immer neue Urteile in immer mehr Strafprozessen – dieses niederschmetternde Faktum prägt heute das Bild der Revolution im Prozess (*revolution-in-progress*), wie ich die Proteste nenne, die im Sommer 2020 begannen. Immer noch werden jeden Tag Menschen verhaftet, weil sie es trotz massiver staatlicher Repressionen wagen, die

Farben der Protestbewegung, die weiß-rot-weiße Flagge, in der Öffentlichkeit zu zeigen. Sie kleiden sich in diesen Farben, sie hängen Fahnen aus dem Fenster ihrer Wohnung. Sie begegnen einander zufällig auf öffentlichen Plätzen oder sie verabreden sich zu Treffen in den Wäldern, wo sie hoffen, von den Schergen des Regimes nicht entdeckt zu werden.

Denn diese »Ordnungskräfte« sind fast überall. An den Universitäten des Landes gibt es neue Prorektoren, deren Aufgabengebiet »Sicherheit und Ordnung« lautet. Im Stadtzentrum von Minsk patrouilliert die Polizei rund um die Uhr, und die Sondereinsatzkräfte des OMON fahren die Wohnblöcke der Stadt ab. Auch in allen anderen Städten des Landes stehen Vereine, engagierte Menschen aus der Zivilgesellschaft, Künstlerinnen und Künstler und ganz normale Menschen unter ständiger Beobachtung.

In Kiew ist seit dem 25. März 2021 eine Ausstellung über die belarussische *revolution-in-progress* zu sehen, darunter auch die Multimedia-Installation der belarussischen Künstlerin Antonina Slobodchikova.[5] Das Werk mit dem Titel »Requiem for a Dream« verleiht der gegenwärtigen Lage auf erschütternde Weise Ausdruck. Die Ausstellungsbesucher betreten einen schwarzen Quader, der den Maßen der in Belarus eingesetzten Gefangenentransporter (*avtozak*) entspricht. Zehntausende Menschen haben dieses Fahrzeug im Herbst 2020 von innen gesehen, als sie nach ihrer Verhaftung in den oft völlig überfüllten Wagen auf eine Polizeiwache oder ins Gefängnis gebracht wurden. Der Raum löst Klaustrophobie aus. Dort stehen die drei Symbole der belarussischen Revolution, das Victory-Zeichen, das Herz und die Faust, als menschenhohe Wachsskulpturen. Slobodchikova hatte die Trias im Juli 2020 nach der Gründung des Vereinigten Teams der drei Frauen um Swetlana Tichanowskaja erstmals gezeichnet. Das Material steht zugleich für die weiche Taktik des Widerstands und für die kollektive Verletzlichkeit. Ein Projektor wirft in vielen Sprachen das Wort »Gewalt« an die Innenwände des Quaders, zu hören sind die Schreie von Frauen.

Ein anderer Teil des Videos zeigt die Tochter der Künstlerin, die frohen Mutes ist, Blumen in der einen Hand hält und mit der anderen das Victory-Zeichen formt. Dazu läuft »Peremen« (Wandel), der Song des sowjetischen Rockmusikers Viktor Zoj.

Das Kunstwerk zeigt, dass sich unter den tragischen und traumatisierenden Ereignissen, die alle Belarussinnen und Belarussen gegenwärtig erleben und die die spärlich gewordenen Nachrichten aus dem Land dominieren, noch etwas anderes verbirgt: das unsichtbare Massiv der Solidarität und der anhaltenden Proteste.

Sichtbar sind die Tausende Briefe, die die politischen Gefangenen auch aus dem Ausland erreichen. Welche Bedeutung diese Briefe haben, d. h. wie Absender und Adressaten sich gegenseitig unterstützen, wird aus einer Bemerkung von Katerina Borisewitsch deutlich. Die Journalistin wurde am 2. März zu sechs Monaten Haft verurteilt, weil sie die Ergebnisse der Obduktion von Roman Bondarenko veröffentlicht hatte, der am 11. November von maskierten Schlägern verhaftet wurde und am nächsten

Abend gestorben war. »In letzter Zeit erhalte ich oft Briefe, in denen es heißt: ›Katerina, eigentlich wollten wir Ihnen helfen, und jetzt haben Sie *uns* geholfen. Wir haben Ihre Antwort erhalten und das hat uns so viel Mut gemacht!‹«

Viele Belarussinnen und Belarussen gehen zu den Verhandlungen, bei denen über die politischen Gefangenen gerichtet wird. Immer wieder bilden sich Schlangen vor den Gerichtssälen. Die Gefangenen lassen sich nicht brechen. Levon Chalatrjan, der sich im Wahlkampfteam des verhinderten Kandidaten Viktor Babariko engagierte und am 11. August verhaftet wurde, verbrachte mehr als sieben Monate im Gefängnis und wurde am 19. Februar 2021 zu zwei Jahren Arbeitsbesserungsanstalt im offenen Vollzug verurteilt. »Chemiefabrik« wird diese Strafe in Belarus seit sowjetischen Zeiten genannt, weil die zu einer solchen Strafe verurteilen politischen Gefangenen diese oft in Werken der chemischen Industrie ableisten mussten. Chalatrjan sagt: »Natürlich ist es übel hinter Gittern. Aber es bringt dich nicht um. Wir überleben. Viele politische Gefangene sehen es so: Ich sitze, aber Hauptsache, die Wende zum Besseren ist eingeleitet.«

Diejenigen, die im Herbst auf die Straßen gegangen sind, halten weiter über Telegram-Kanäle Kontakt. Ab und zu finden auch kleinere Aktionen in den Höfen der Wohnblocks statt, wenngleich sie wegen der scharfen Kontrollen seltener geworden sind.

Immer noch tun sich neue Menschen zusammen, um gemeinsam dem Regime und der Angst zu widerstehen. Nur ein besonders beeindruckendes Beispiel: Am 23. Februar haben sich fünfzehn im Herbst 2020 entstandene studentische Streikkomitees aus sechs belarussischen Städten in einer gemeinsamen Dachorganisation zusammengeschlossen. Ihr Ziel ist es, Demokratie und Rechtsstaatlichkeit, die Achtung der Menschenrechte, zurück nach Belarus zu bringen.[6]

Unter der Oberfläche gehen die Proteste weiter – im Modus friedlicher Partisanentaktik. Die Solidarität der Gesellschaft ist ungebrochen. Hätten sich die belarussischen Bürger der Lukaschenko-Diktatur gefügt, die im Jahr 2020 ihr wahres Gesicht gezeigt hat, müsste der Staat nicht jeden Tag mit scharfen Kontrollen und harten Repressionen im ganzen Land gegen sie vorgehen.

Bei den Gerichtsverhandlungen sind die sogenannten Zeugen meist Polizisten, die ihre Gesichter hinter Sturmhauben verbergen. Kommen Polizisten zu einem Arzt, nennen sie oft ihren Beruf nicht – aus Angst oder aus Scham. Zur Partisanentaktik gehört auch die Weigerung, Anordnungen des Regimes zu folgen, etwa seine Unterschrift auf Listen zu setzen, mit denen die Europäische Union im Namen des belarussischen Volkes aufgefordert wird, die Sanktionen gegen das Regime aufzuheben; keine Waren von Produzenten zu kaufen, die dem Regime nahestehen; und natürlich die Verbreitung der Symbole der Revolution, von Flugblättern und Informationen.

Lukaschenko behauptet, er habe gesiegt. Doch die Gesellschaft ist nur im Stand-by-Modus. Das Regime weiß das, sonst hätte es nicht am 25. März, dem Jahrestag der Gründung der Belarussischen Volksrepublik im Jahr 1918, in Minsk und allen anderen Großstädten des Landes ein

Großaufgebot von Polizisten aufgefahren. Zur Abschreckung wurden erneut hunderte Menschen verhaftet.

Großdemonstrationen konnte das Regime verhindern. Dazu trägt nicht zuletzt ein am 1. März 2021 verabschiedetes Gesetz bei, das die Strafen für Teilnahme an nicht genehmigten Demonstrationen verschärft. Ebenso die Schauprozesse, in denen Woche für Woche Menschen zu jahrelangen Haftstrafen verurteilt werden. Doch es gibt noch einen anderen Grund, warum die Gesellschaft im Stand-by-Modus verharrt. Es fehlt an einer Perspektive, wie ein Machtwechsel stattfinden könnte.[7]

Die Proteste im Sommer und Herbst 2020 haben gezeigt, wie unzufrieden ein beträchtlicher Teil der belarussischen Bevölkerung mit dem Regime ist. Die Menschen haben eine beispiellose Solidarisierung und Selbstorganisation angestoßen. Die Gesellschaft hat sich radikal verändert. Lukaschenko konnte sich nur noch mit immer härteren Repressionen im Amt halten. Doch er ist machtlos. Seine Herrschaft stützt sich nur auf Gewalt. Alles, was er kann, ist die Macht der solidarischen Gesellschaft zu unterdrücken. Das Land steckt in einer Sackgasse.

Die Revolution ist nicht vorbei. Sie ist in eine neue Phase eingetreten. Die Menschen in Belarus erleben ein Wechselbad der Gefühle. Einerseits wollen sie handeln, komme, was wolle. Sie sind entschlossen, sich nicht mit dem Unrecht abzufinden. Auf der anderen Seite herrschen Verzweiflung und Angst. Alle machen sich Sorgen um die Gefangenen. Dazu kommen Schuldgefühle, weil es nicht gelungen ist, die Revolution zu vollenden und Lukaschenko zu stürzen.

In einer besonderen Lage sind jene Tausende Menschen, die das Land verlassen haben, um den Repressionen zu entkommen oder weil sie keine Hoffnung auf rasche Veränderung mehr hatten.[8] Viele von ihnen nehmen heute im Ausland an Solidaritätsaktionen teil und wünschen sich nichts sehnlicher, als bald wieder nach Belarus zurückkehren zu können.

Besonders aktive Teilnehmer der Protestbewegung sind sogar der Überzeugung, dass wir schon heute in einem neuen demokratischen Belarus leben; dass die Zukunft bereits angebrochen ist und das Lukaschenko-Regime der Vergangenheit angehört. Für diese Sicht spricht, dass die Erwartung groß ist, schon jetzt über Reformen zu sprechen, die im neuen Belarus angegangen werden müssen.[9] Es gibt eine enorme Nachfrage nach Bildungsangeboten, mit denen die Bürger sich auf die künftigen Aufgaben vorbereiten können.

Frauen spielten in den entscheidenden Momenten der Revolution eine zentrale Rolle und sie tun es bis heute. Am 12. August bildeten sie nach drei Tagen des Terrors, den das Regime nach den Wahlen gegen die friedlich demonstrierenden Bürger entfesselt hatte, ihre erste Kette der Solidarität. (Menschenketten gab es in Belarus bereits seit Juni.) Frauen führten die belarussische Gesellschaft aus ihrer Erstarrung und gaben den Anstoß zu den großen Demonstrationen in den folgenden Wochen. Bis heute nehmen sie an den Partisanen-Protesten teil, fordern politische Teilhabe ein[10] und bestehen darauf, dass der Zusammenhang zwischen staatlicher Gewalt und häuslicher Gewalt anerkannt wird.

Unzählige Frauen haben eine Stunde des persönlichen *empowerment* erlebt. Auch ich habe diese Erfahrung gemacht. Sie hat meinen Entschluss bekräftigt, mich an dem auf Initiative von Swetlana Tichanowskaja geschaffenen Koordinierungsrat zu beteiligen, dem einzigen legitimen Vertretungsorgan des belarussischen Volkes. Diese Erfahrung hat mich auch dazu gebracht, nach meiner erzwungenen Ausreise aus Belarus Ende Oktober mit Swetlana Tichanowskaja in Verbindung zu treten und ihre Vertreterin in Fragen der Bildungspolitik zu werden.

Der Koordinierungsrat in Minsk, die beiden Zentren der ins Exil gezwungenen Protestbewegung (das Büro von Swetlana Tichanowskaja in Vilnius und das Nationale Krisenbewältigungszentrum unter der Leitung von Pawel Latuschko in Warschau), die buchstäblich rund um den Globus aktive belarussische Diaspora, die über das Internet verbundenen Gruppen wie die *Ehrlichen Leute* (Chestnye ljudi) und viele andere, die die Lage verfolgen, Proteste organisieren, die Zukunft eines demokratischen Belarus diskutieren, und nicht zuletzt die große Zahl an Menschen aus anderen Ländern, die sich mit der Protestbewegung solidarisiert haben – sie alle sind Teil der belarussischen *revolution-in-progress*. Sie haben erreicht, dass die Europäische Union dreimal gebündelte Sanktionsmaßnahmen gegen das Lukaschenko-Regime beschlossen hat, dass die Vereinten Nationen eine Untersuchung und Dokumentation von Verbrechen gegen die Menschlichkeit in Belarus eingeleitet haben, dass die für das Regime so prestigeträchtige Eishockey-Weltmeisterschaft im Jahr 2021 nicht wie geplant in Belarus stattfinden wird und dass Belarus vom Eurovision Song Contest 2021 ausgeschlossen wurde, weil die entsandte Gruppe mit einem Song auftreten wollte, der die Protestbewegung verhöhnt. Auch erfährt Belarus eine beispiellose internationale Solidarität im akademischen Bereich: Studenten, Wissenschaftler und Hochschullehrer helfen ihren verfolgten Kommilitonen und Kollegen.

Am 18. März haben Swetlana Tichanowskaja und die vereinten demokratischen Kräfte eine Befragung begonnen, bei der die Menschen in Belarus darüber abstimmen, ob die Protestbewegung unter internationaler Vermittlung Verhandlungen mit dem Regime anstreben soll. Die Abstimmung, bei der es sich lediglich um ein Mobilisierungsinstrument handelt, findet auf der Plattform *Golos* statt, der die EU, die USA und die OSZE vertrauen. Bereits mehr als 750 000 Belarussinnen und Belarussen haben sich beteiligt.

Wichtigste Antriebskraft der fortdauernden Revolution in Belarus sind jedoch nach wie vor die Bürger selbst. Die soziale Energie, die seit Beginn des Wahlkampfs im Mai 2020 freigesetzt wurde, sucht nach neuen Formen der Entladung. Daher geht die Emanzipation der belarussischen Gesellschaft weiter, ihre autonome Umgestaltung und die Suche nach neuen Mitteln, wie die Diktatur gemeinsam beendet und eine demokratische politische Ordnung in Belarus errichtet werden kann.

Dieses Buch handelt davon, wie und warum die belarussische Gesellschaft aufgebrochen ist und warum Frauen zum Gesicht dieses Ereignisses wurden. Da der Aufbruch der Frauen bereits im Juni 2020 begann, ist das erste

Kapitel der Entstehung eines neuen weiblichen kollektiven Subjekts gewidmet. Ich untersuche die Dimensionen dieses Aufbruchs, zeige, welche Folgen die Gefängniserfahrung für die Selbstorganisation der Frauen hatte, und erläutere, was ihre Beteiligung an der Revolution für ihre zukünftige Stellung in der belarussischen Gesellschaft, für die Zukunft des Feminismus und ganz allgemein für unser Land bedeutet.

Das zweite Kapitel ist der belarussischen Gesellschaft als Triebkraft der fortdauernden Revolution gewidmet. Es geht um die sozialen und politischen Bedingungen, die dazu führten, dass die Bürger erwacht sind, um die zahlreichen dezentralen, horizontalen, kreativen, oft moderne technische Möglichkeiten nutzenden Formen der Mobilisierung und Solidarisierung. Darum, was die Gesellschaft in dieser ersten mehr als 200 Tage währenden, von vielen Tausenden Kundgebungen und Protesten geprägten Phase der Revolution erreicht hat und was nicht.

Im dritten Kapitel versuche ich, das Erwachen der belarussischen Gesellschaft im Sommer 2020 konzeptionell zu fassen und zu begründen, warum der Begriff *revolution-in-progress* seine Berechtigung hat. Schlüsselbegriffe sind die soziale Emanzipation und die politische Subjektivierung. Dabei muss auch geklärt werden, ob es angemessen ist, von einem nationalen Erwachen in Belarus zu sprechen.

Ich habe dreieinhalb Monate an diesem Buch geschrieben. Begonnen habe ich im November 2020, kurz nachdem ich nach Vilnius geflüchtet war, weil mir in Belarus wegen meines Engagements im Koordinierungsrat ein Strafprozess drohte. Einige Ereignisse, etwa der gewaltsame Tod von Roman Bondarenko, fanden statt, während ich an dem Buch arbeitete. Sie haben meine Gedanken geprägt. Die revolutionäre Energie, die ich beschreibe, die gemeinsame Freude wie die kollektive Trauer, war zugleich die Kraft, die mich beim Schreiben antrieb.

Die Gedanken, die in dieses Buch eingeflossen sind, habe ich während der Arbeit in zahlreichen Foren zur Diskussion gestellt, sie mit meinem Mitstreiter und Ehemann Alexander Adamjanz und meiner Freundin, der Mitgründerin der FemGruppe des Koordinierungsrats Julia Mizkewitsch, sowie mit meinen Berliner Freunden Jaroslava Ananka und Heinrich Kirschbaum, die sich unermüdlich an den Aktionen der belarussischen Diaspora beteiligen, erörtert. Ihnen allen sowie dem Übersetzer Volker Weichsel und meiner Lektorin Katharina Raabe, ohne die dieses Buch nicht hätte geschrieben werden können, gebührt mein Dank.

Berlin, 30. März 2021

I
Die Entstehung eines weiblichen kollektiven Subjekts in Belarus

Das Ende der Unsichtbarkeit

Am 14. Juni 2020 wurde in Minsk eine Kunstsammlung beschlagnahmt. Es handelte sich um Werke jüdischer Maler, die Anfang des 20. Jahrhunderts aus dem Gebiet des heutigen Belarus nach Paris gezogen waren, unter ihnen Marc Chagall. Hintergrund war ein Strafverfahren gegen mehrere Mitarbeiter der *Belgazprombank*, der die Sammlung gehört – angeblich sollte ihr bevorstehender Verkauf ins Ausland verhindert werden.

Schnell wurde klar, dass das Verfahren vor allem auf Viktor Babariko zielte. Der 56-Jährige hatte die Bank seit über zwanzig Jahren geleitet und war erst kurz zuvor von seinem Vorstandsposten zurückgetreten, um bei den Präsidentschaftswahlen im August als Kandidat ins Rennen zu gehen. Seit 1995 im Bankwesen tätig, stand er von 2000 bis Mai 2020 der *Belgazprombank* vor, der belarussischen Tochter der russischen *Gazprombank*. Vielen Menschen in Belarus war sein Name schon lange ein Begriff, da er sich als Mäzen betätigte und soziale Projekte unterstützte. Im Jahr 2008 gründete er etwa das internationale Kinderhilfswerk *Schans* (Chance). Im Jahr 2018 finanzierte die Bank eine fünfbändige Ausgabe der Werke von Swetlana Aleksijewitsch in belarussischer Übersetzung, die in einer Auflage von 15 000 Exemplaren erschien und kostenlos an Bibliotheken im ganzen Land verteilt wurde. Ein Jahr zuvor hatte die Bank auf Babarikos Initiative ein Original des »Kleinen Reisebuchs«, einer 1522 von Francysk Skaryna[1] in Vilnius gedruckten Sammlung religiöser Texte, gekauft und nach Belarus gebracht.

Unter Babarikos Ägide hatte die Bank mit der Sammlung von Werken der sogenannten Pariser Schule begonnen, die erstmals 2012/2013 im Belarussischen Nationalmuseum ausgestellt wurden. Seit 2017 war sie in der Galerie »Art-Belarus« zu sehen, die die *Belgazprombank* nicht zuletzt zu diesem Zweck im Minsker »Palast der Kunst« eröffnet hatte. Die Sammlung machte den 1974 eröffneten Palast der Kunst im Zentrum von Minsk zum wichtigsten *art space* der Stadt. Hier mischte sich das traditionelle kunstinteressierte Publikum mit einer jungen, international ausgerichteten kreativen Szene. Dank der »Pariser Schule« wurde die Galerie »Art-Belarus« zu einer Visitenkarte von Minsk.

Auf die Beschlagnahmung der Sammlung folgte am 18. Juni die Verhaftung des Mäzens.

Ein Frauenbild macht Karriere

Ein Herzstück der Sammlung war Chaim Soutines »Eva«, ein weibliches Porträt aus dem Jahr 1928. Unter dem Hashtag *#evalution* verbreiteten sich am 15. Juni die ersten Text- und Bildbotschaften zu »Eva« in den sozialen Netzwerken und auf Kanälen wie Facebook und Telegram. Auch einige Männer waren an dem virtuellen Flashmob beteiligt: Der Leiter des Belarus Free Theatre in London, Nikolai Khalezin, zog »Eva« einen Gefängniskittel an. Der Künstler Sergey Shabohin platzierte »Eva« zwischen die Abgeordneten einer Parlamentssitzung, Nikita Monitsch, ein bekannter Museumsführer aus der Minsker Hipster-Szene, schrieb ein Gedicht über »Eva« – und war kurz darauf seine Arbeit im Nationalmuseum los.

Doch die meisten Mitglieder der über Nacht entstandenen Telegram-Gruppe »Gemeinsam mit Eva« waren Frauen: Nastja Grischanowa, die #evalution erfunden hatte; Anna Tschistoserdowa, Kuratorin und Mitbegründerin der »Ў«-Galerie, einer der wichtigsten Galerien für moderne Kunst in Belarus, die Künstlerin Nadja Sajapina und viele andere. Julia Shevchuk, Schauspielerin am Free Belarus Theatre, kreierte eine Version der »Eva«, die sich rasch verbreitete und bald auf vielen T-Shirts, Taschen und anderen Accessoires zu sehen war: eine Eva mit ausgestrecktem Mittelfinger.

Es war kein Zufall, dass »Eva« zum Gesicht der beschlagnahmten Kunstsammlung wurde und dass es Frauen waren, die sich zusammentaten. Soutines Werk zeigt kein Objekt, das ein fremder, männlicher Blick in Besitz nehmen soll, wie dies bei traditionellen Frauenbildnissen die Regel ist. Seine »Eva« schaut selbstbewusst aus dem Bild heraus, sie stellt uns mit ihrem herausfordernden Blick auf die Probe. »Und wer sind die Richter?«, scheint sie zu fragen.[2] Die Arme vor der Brust gekreuzt, im strengen schwarzen Kleid, ist sie ganz sie selbst – ein weibliches Subjekt. Dieses Bild macht auch die jüdische Kultur als Teil des multikulturellen belarussischen Erbes bewusst. Und als hätten sie nur darauf gewartet, dass Soutines »Eva« die Bühne betritt, entschlossen sich immer mehr Frauen, es ihr gleichzutun und aus der eigenen Unsichtbarkeit herauszutreten.

Der spontane Zusammenschluss aktiver Frauen aus der belarussischen Kunstszene war möglich, weil sie bereits eine wichtige Rolle in diesem Milieu spielten. Das Wirken Viktor Babarikos, der die unabhängige Kunstszene gefördert hatte, darunter das internationale Theaterfestival TeART und den Kulturraum OK 16, hatte es vielen Frauen erlaubt, ihre Stellung zu festigen und eigene Projekte zu verfolgen. Aus diesem Umfeld kam auch die Musikerin Maria Kolesnikowa, die in den kommenden Monaten zum Gesicht des Widerstands gegen Lukaschenko werden sollte.

Neue Formen der Selbstwahrnehmung

Um die Sichtbarkeit der Frauen, genauer gesagt, um die Bedingungen und Gründe ihrer Unsichtbarkeit geht es auch in Swetlana Alexijewitschs erster großer Dokumentarprosa *Der Krieg hat kein weibliches Gesicht*, die erstmals 1985 in Minsk erschienen ist. Frauen, die den Zweiten Weltkrieg durchlebt hatten, sollten nach Jahrzehnten endlich ihre eigene Stimme bekommen. Alexijewitsch wollte das ideologische und eindimensionale Bild vom »männlichen Krieg« überwinden. Sie wollte die Geschichten einfacher Menschen aufschreiben, »die eine unmenschliche menschliche Arbeit tun«.³ Die Geschichte von Menschen, die versuchen, ihre Menschlichkeit zu bewahren, indem sie verletzte Feinde versorgen und ihren eigenen Frontkameraden mit Empathie und Zuneigung begegnen. Die trotz des grausamen Krieges um ein ordentliches Aussehen bemüht sind, sich im Griff haben, lachen und sich an Kleinigkeiten erfreuen können. Die Frauen, mit denen die Autorin lange Interviews führte, sprachen auch über das Leiden der Erde, der Vögel und der Bäume. Die unsägliche Gewalt nahm dem Krieg, selbst wenn in ihm der Faschismus besiegt wurde, jegliche Legitimität.

Siebzig Jahre nach Kriegsende begehrten nun die belarussischen Frauen gegen ihre Unsichtbarkeit auf. Sie entwickelten neue Formen der Selbstwahrnehmung, der Solidarität und des Protests, die inzwischen zum Leitbild für die gesamte belarussische Gesellschaft geworden sind.

Dass diese Solidarität sich nach der Beschlagnahmung einer Kunstsammlung formierte, verweist auf eine weitere Dimension der Protestbewegung – ihre Kreativität. Die Kuratoren der Galerie »Art-Belarus« hängten anstelle der beschlagnahmten Bilder QR-Codes in Rahmen. Wer sie mit dem Smartphone scannte, konnte das Bild auf dem Display sehen und seine Geschichte lesen. Am 1. Juli 2020 veranstaltete Nadja Sajapina in der Galerie eine Performance, um »die Unterdrückung durch das System gemeinsam zu erleben«⁴. Zwei Stunden lang standen Künstler:innen, Kurator:innen sowie andere Vertreter der Kunstszene, insgesamt mehr als zwanzig über die sozialen Netzwerke eingeladene Gäste, mehrheitlich Frauen, schwarz gekleidet zusammen und betrachteten aus nächster Nähe die abwesenden Bilder. Alle hatten auf ihrem Rücken ein Foto eines der beschlagnahmten Bilder befestigt. Die Performance wurde aufgezeichnet und ins Internet gestellt. Kreativ, spontan, geschickt im Umgang mit digitalen Technologien, modern und professionell, mutig und mit weiblichem Gesicht – das waren Eigenschaften, die bald zum Kennzeichen einer breiten gesellschaftlichen Bewegung in Belarus werden sollten.

Am 18. Juni, dem Tag der Verhaftung Babarikos und dem vorletzten Tag, an dem Unterschriften für die Zulassung eines Kandidaten zu den Präsidentschaftswahlen gesammelt werden durften, ging die #*evalution* in Minsk auf die Straße. Mehrere Tausend Menschen bildeten in der Allee der Unabhängigkeit eine Kette der Solidarität. Unter ihnen trugen einige die »Eva«-T-Shirts. Obwohl es in Strömen regnete, standen sie dort bis tief in die Nacht. Die Aktion wurde in den folgenden Tagen fortgesetzt – nicht nur in Minsk, sondern in achtzehn weiteren Städten des Landes zwischen Grodno und Brest im Westen und Witbesk und Mogiljow im Osten. 360 Menschen, davon 260 in Minsk, wurden teils auf brutale Weise festgenommen und viele von ihnen zu einer Arreststrafe oder zur Zahlung eines Bußgelds verurteilt.[5]

Evolution oder Revolution

Die Menschenketten, die sich in vielen Städten des Landes bildeten, waren ein erstes Anzeichen für das Erwachen der belarussischen Gesellschaft. Die Verhaftungen zeigten, wie nervös das Regime war. 26 Jahre lang hatte der Alleinherrscher Lukaschenko alles getan, um das Entstehen einer politischen Opposition zu verhindern. Er hatte Menschen ermorden lassen, Gegner ins Gefängnis geworfen und mit Hilfe eines Referendums im Jahr 2004 alle gesetzlichen Schranken beseitigt, die seiner immer neuen Wiederwahl zuvor im Wege gestanden hatten. Zugleich hatte er eine »Machtvertikale« errichtet, ein zentralisiertes, hierarchisches Herrschaftssystem, das alle staatlichen Organe und gesellschaftlichen Institutionen durchdrang. Eine Schlüsselfunktion in dieser Machtvertikale kam den Gewaltapparaten zu: der Polizei, dem OMON und anderen Sondereinheiten des Innenministeriums; dazu dem Geheimdienst KBG sowie der Armee.[6] Gleichzeitig handelte es sich um ein autoritäres, nicht aber um ein totalitäres System. Es ließ gewisse Spielräume für die Entwicklung einer unabhängigen Kultur, gesellschaftlicher Organisationen sowie eines Kleinunternehmertums. Mit diesen Sphären hatte das Regime einen informellen Gesellschaftsvertrag abgeschlossen: Ihr mischt euch nicht in die Politik ein, dafür lassen wir euch am Leben und erlauben euch sogar eine gewisse Entwicklung.

Die Widersprüche, die diesem Ansatz innewohnten, waren in den 2010er Jahren immer spürbarer geworden. Im Sommer 2020 brachen sie auf.

Zuvor war in der unabhängigen Kulturszene und der belarussischen Zivilgesellschaft bereits seit mehreren Jahren von einem evolutionären Übergang von der Autokratie zur Demokratie die Rede gewesen. Seit etwa 2015 hatte sich ein dynamischer IT-Sektor entwickelt, und eine neue

Generation von NGOs engagierte sich im sozialen Bereich, im Bildungssektor und in der Kultur. Die »Oktoberstraße« in Minsk war zu einer regelrechten Kulturmeile geworden – mit privaten Kunstgalerien, Veranstaltungsräumen und kleinen Theaterbühnen. IT-Firmen und NGOs hatten Coworking Spaces geschaffen, das European College of Liberal Arts (ECLAB) hatte dort seinen Sitz, und zahlreiche Cafés und Restaurants empfingen ein mehr oder weniger zahlungskräftiges Publikum. In der »Oktoberstraße« fanden Kunst- und Literaturfestivals statt, Veranstaltungen zu Themen wie Stadtraum und Ökologie, bei denen einheimische und nach Belarus eingeladene Intellektuelle auftraten. Belarussische und brasilianische Künstler hatten große Wandbilder geschaffen. Aus einer abseits der üblichen Wege gelegenen Straße war das heimliche Zentrum von Minsk geworden.[7]

Ähnliche Entwicklungen waren auch in anderen Städten des Landes zu beobachten. Auch in Brest, Grodno, Witebsk und Mogiljew hatte sich ein IT-Sektor etabliert, es waren öffentliche Räume entstanden, die für politische Diskussionen, Vorträge, Bildungsprogramme, Kunstprojekte, Umweltfestivals und Kinderveranstaltungen genutzt wurden.

Viele Frauen hatten sich aktiv an diesen Veränderungen beteiligt. Die Verhaftung der »Eva« war ein Warnzeichen, dass das Regime all dem ein Ende setzen könnte.

Drei Frauen schreiben Geschichte

Einen Monat nach der Verhaftung Babarikos wurde eine Frau als Kandidatin für die Präsidentschaftswahl im August zugelassen: Swetlana Tichanowskaja. Zuvor waren zwei weitere Männer von der Teilnahme an den Wahlen ausgeschlossen worden, darunter Tichanowskajas Ehemann. Daraufhin hatten sich am 16. Juli die drei Wahlkampfteams der verhinderten Kandidaten zu einem »Vereinigten Team« zusammengeschlossen – mit jeweils einer Frau an der Spitze. Drei Wochen lang begeisterte das »Trio« mit seinen Wahlkampfauftritten das Publikum im ganzen Land. Was damals noch nicht zu ahnen war – Swetlana Tichanowskaja, Maria Kolesnikowa und Veronika Zepkalo würden Geschichte schreiben. Wie war es dazu gekommen?

Nur Stellvertreterinnen?

Mit seinem Blog und dem YouTube-Kanal »Ein lebenswertes Land« war ein 42-jähriger Geschäftsmann aus Gomel namens Sergej Tichanowski bekannt geworden. In allen großen Städten des Landes standen die Menschen

Schlange vor den Ständen, an denen sein Team im Frühjahr 2020 die für eine Zulassung zur Wahl notwendigen Unterschriften sammelte. Als die erforderliche Zahl der Unterschriften bei der Zentralen Wahlkommission eingereicht wurde, saß der Kandidat im Gefängnis – er war Anfang Mai verhaftet worden – und wurde daher nicht zugelassen. Dies war der Moment, in dem Swetlana Tichanowskaja die politische Bühne betrat. Sie hatte nach der Verhaftung ihres Mannes beschlossen, an seiner Stelle zu kandidieren. Tichanowski, der nach der Verhinderung seiner Kandidatur freigelassen worden war, trat in die zweite Reihe und übernahm die Leitung ihres Wahlkampfteams. Am 29. Mai wurde er bei einer Kundgebung in Grodno, auf der die Anwesenden die Zulassung seiner Frau zu den Präsidentschaftswahlen forderten, erneut verhaftet. Er sitzt bis heute im Gefängnis und wird von der Menschenrechtsorganisation *Wjasna* (Frühling) als politischer Gefangener geführt.

Maria Kolesnikowa, Mitglied des Wahlkampfteams von Viktor Babariko, begab sich am 20. Juni 2020 mit zwei Teamkollegen zur Zentralen Wahlkommission, um die für ihn gesammelten Unterschriften einzureichen. Auch Babariko saß zu diesem Zeitpunkt bereits im Gefängnis. 400 000 Menschen hatten für ihn unterschrieben – nie zuvor war in Belarus eine solche Zahl an Unterschriften für einen Kandidaten gesammelt worden. Am 14. Juli verweigerte die Wahlkommission Babariko die Zulassung. Dies löste eine Welle von Protesten aus, die das Regime brutal niederschlug. In Minsk und anderen Städten wurden 280 Menschen vorübergehend festgenommen.

Veronika Zepkalo, die Ehefrau des dritten bekannten Anwärters auf eine Kandidatur, schloss sich Tichanowskaja und Kolesnikowa an, nachdem ihrem Mann, dem vormaligen Leiter des Gewerbegebiets »High-Tech-Zone« in Minsk, Valeri Zepkalo, ebenfalls die Zulassung zu den Wahlen verweigert worden war. In seinem Fall hatte die Zentrale Wahlkommission so viele Unterschriften für ungültig erklärt, dass sie ihn mit der Begründung von den Präsidentschaftswahlen ausschließen konnte, er habe nicht die gesetzlich vorgesehene Anzahl an Unterstützern vorweisen können.

»Politik ist nichts für Frauen!«

Am 29. Mai, dem Tag der erneuten Verhaftung Tichanowskis, hatte der amtierende Präsident Lukaschenko behauptet, in Belarus werde niemals jemand für eine Frau stimmen: »Unsere Verfassung ist nicht auf Frauen zugeschnitten. Unsere Gesellschaft ist nicht reif dazu, eine Frau zu wählen.«[8] Eine Vielzahl von Memes, die sich über diese Sätze lustig machten, fluteten daraufhin durchs Netz.

Diese Rhetorik war allseits bekannt. Bereits 2010 hatten sich Frauen an Protesten gegen Fälschungen bei den Präsidentschaftswahlen beteiligt. Damals erklärte die bis heute amtierende Leiterin der Zentralen Wahlkommission Lidia Jermoschina: Frauen sollten zu Hause bleiben und Borschtsch kochen, statt bei solchen Dingen mitzumachen. Auf diese Worte kamen belarussische Feministinnen immer wieder zurück. Als fünf Jahre später, bei den Präsidentschaftswahlen 2015, mit Tatjana Korotkewitsch aus dem Team »Sag die Wahrheit!« wieder eine Frau antrat, erklärte Jermoschina erneut: Politik ist nichts für Frauen! Sie seien weder kreativ noch mutig – Eigenschaften, die ein Präsident nun mal mitbringen müsse. Frauen seien zudem konservativer; es fehle ihnen die Härte und Stärke, die man brauche, um politische Entscheidungen zu treffen. Den slawischen Frauen gehe jene Kraft ab, mit der man sich als Führer durchsetzt.[9]

Im Sommer 2020 wurde jede einzelne dieser Behauptungen widerlegt. Kreative, mutige, solidarische, für alles Neue offene Frauen demonstrierten, dass sie eine Gesellschaft nicht nur führen, sondern ihr auch eine neue Form der politischen Durchsetzungskraft beibringen können – die *soft power*. Mit der Vereinigung der Wahlkampfteams unter ihrer Führung kam eine breite Bewegung des friedlichen Protests und des zivilen Widerstands in Gang. Sie hat die Gesellschaft für immer verändert.

Die sanfte Macht formiert sich

Auf ihrer ersten gemeinsamen Pressekonferenz am 17. Juli traten Swetlana Tichanowskaja, Maria Kolesnikowa und Veronika Zepkalo dem langjährigen Präsidenten Lukaschenko offensiv entgegen.[10] Zepkalo erklärte: »Die Verfassung gilt auch für Frauen, wir sind keine Menschen zweiter Klasse, wir stehen mit den Männern auf gleicher Ebene, und wir werden siegen.« Zu diesem Zweck, so das Team, müsse man horizontal kooperieren, die Verantwortung gleichmäßig unter den Teamleaderinnen verteilen und sich auf die Mitwirkung von Arbeitsgruppen stützen. Zu einer horizontalen Kooperation gehöre auch die Einbeziehung breiter Bevölkerungsschichten, denn, so Tichanowskaja, die eigene Stimme lasse sich nur gemeinsam zur Geltung bringen, nur mit vereinten Kräften könne man ein »lebenswertes Land« schaffen.

Das Team rief dazu auf, am 9. August Swetlana Tichanowskaja zu wählen, formulierte aber zugleich längerfristige Ziele: Nach einem Sieg sollten Neuwahlen unter Beteiligung jener Kandidaten stattfinden, die nicht zur Wahl zugelassen und verhaftet worden waren. Allerdings ging es nicht darum, wieder hinter die Männer zurückzutreten. Vielmehr konnten die Frauen eine Präsidentschaft, die durch das Vorgehen des Regimes gegen ihre Männer zustande gekommen wäre, nicht als legitim betrachten. Um breitere Gesellschaftsschichten einzubeziehen, riefen die drei Frauen die Bürger zur Wahlbeobachtung auf: Sie sollten an Ort und Stelle dafür sorgen, dass die Meinungsbildung vor dem Wahltag sowie der Urnengang selbst frei und fair verlaufen. Dieser Appell fand großen Anklang auch bei denen, die zuvor gleichgültig oder skeptisch auf alles geschaut hatten, was nach Politik aussah.

Swetlana Tichanowskaja verstand sich als Übergangskandidatin. Ihre Aufgabe war nicht, ein Programm für die Zukunft des Landes vorzulegen, sondern zunächst dafür zu sorgen, dass Wahlen nach rechtsstaatlichen Regeln abgehalten werden. Sie tue das aus Liebe, erklärte Tichanowskaja, aus Liebe jedoch nicht nur zu ihrem Mann, sondern zu allen Belarussen und zu Belarus. Sie verheimlichte nicht, dass das Regime bereits versucht hatte, sie mit Drohungen aller Art zu brechen. Doch sie sei zum Widerstand bereit. Drohungen erhielt auch Veronika Zepkalo, deren Mann daraufhin mit den gemeinsamen Kindern das Land verließ. Einige Zeit später brachte auch Tichanowskaja ihre Kinder ins Ausland.

In den letzten Wochen vor den Wahlen kamen mehr Menschen zu den Wahlkampfauftritten des Vereinigten Teams, als dies jemals bei ähnlichen Veranstaltungen in den drei Jahrzehnten zuvor der Fall gewesen war. Im Verhältnis zur Einwohnerzahl besuchten in regionalen Zentren und kleineren Städten im ganzen Land mehr Menschen die Veranstaltungen als in der Hauptstadt. Doch auch Minsk brach alle Rekorde. Zum zweiten Auftritt des Vereinigten Teams kamen 63 000 Menschen. Niemals seit 1991 hatten sich so viele Menschen zu einer Wahlkampfveranstaltung zusammengefunden.

Die Ziele des Vereinigten Teams

Bereits am 16. Juli entwarf die Künstlerin Antonina Slobodchikova ein »Logo« des Vereinigten Teams, das die bereits zum Markenzeichen gewordenen Gesten der drei Frauen aufgriff: Maria Kolesnikowa formt mit den Händen ein Herz, Swetlana Tichanowskaja reckt eine Faust und Veronika Zepkalo erhebt die Hand zum Victory-Zeichen. Schon bald waren Herz, Faust und das V bei den Auftritten der drei Frauen omnipräsent. Im Internet und auf Plakaten, Aufklebern und T-Shirts verbreiteten sie sich im ganzen Land. Zugleich hatte Antonina Slobodchikova mit ihrem Logo den Grundstein für eine große Sammlung von Protestplakaten gelegt (https://cultprotest.me).

Wie gelang es dem Vereinigten Team, jenen Geist am Leben zu erhalten, der sich im Mai und Juni gezeigt hatte, als so viele Menschen Sergej Tichanowski, Viktor Babariko und Valeri Zepkalo unterstützt hatten? Spielte es eine Rolle, dass das Vereinigte Team ein weibliches Gesicht hatte?

Für den Erfolg gibt es drei Gründe: *Erstens* blieb das Vereinigte Team auf der Linie, die bereits Babariko für den Wahlkampf vorgegeben hatte. Zentrales Element war die Betonung des Rechts: Bei den Wahlen darf nicht gegen Gesetze verstoßen werden. Fälschungen müssen kategorisch ausgeschlossen werden. Grund zur Skepsis hatte die Opposition nach den vorangegangenen Wahlen allemal. Hinzu kam, dass das Regime versuchte, alle Möglichkeiten der Überprüfung auszuschließen. Doch, so das von Babariko ausgegebene Motto, eine breite Beteiligung der Gesellschaft an den Wahlen ist die beste Möglichkeit, Fälschungen zu verhindern.

Viele Menschen, die im Jahr 2020 erstmals politisch erwacht waren, wussten nichts von der eingespielten Fälschungsmaschinerie und ließen sich von dieser Hoffnung begeistern.

Die Betonung des Rechts machte es daher *zweitens* möglich, Menschen aus ganz verschiedenen sozialen Gruppen und nicht nur Vertreter:innen der alten Opposition anzusprechen. Diese hatte nach zwanzig Jahren des Kampfs gegen das autoritäre Regime den Glauben an faire Wahlen verloren und daher nur noch auf Protest gesetzt. Doch auf die Straße zu gehen – dazu war ein erheblicher Teil der erwachten Gesellschaft zu diesem Zeitpunkt noch nicht bereit. Die Betonung des Rechts erlaubte es, die inhaltlichen Differenzen zwischen den Parteien der alten Opposition zurückzustellen. Über das konkrete politische Programm sollte erst anschließend gesprochen werden, nachdem die Wahlen korrekt verlaufen waren.

Drittens stellte das Team von Babariko technische Möglichkeiten für individuelles und kollektives Handeln zur Verfügung. Dergleichen Instrumente zur Wählermobilisierung und Wahlbeobachtung hatte es zuvor nicht gegeben. Nun fühlten sich nicht zuletzt junge Leute angezogen, für die der Umgang mit Informationstechnologien längst zum beruflichen und privaten Alltag gehörte. Das Vereinigte Team verkörperte diese Strategie, ebenso wie es die #evaluation verkörperte und wie die drei Frauen gleichsam eine Verkörperung von Chaim Soutines »Eva« waren.

Wie Maria Kolesnikowa in einem Interview erzählte, hatte es nur fünfzehn Minuten gedauert, bis die drei Frauen sich auf ein gemeinsames Auftreten verständigt hatten. Sie riefen zur Beteiligung an den Wahlen auf, statt, wie dies die Opposition bei früheren Wahlen getan hatte, zum Boykott. Indem sie sich zusammenschlossen, zeigten sie, dass es um eine gemeinsame Sache ging. Sie riefen auch alle anderen Präsidentschaftskandidatinnen und -kandidaten zum Dialog und zum gemeinsamen Handeln auf. Natürlich machte der Verzicht auf ein Programm das Zusammengehen einfacher. Das gilt zweifellos auch für den Vorsatz, Neuwahlen nach Freilassung der inhaftierten Kandidaten zu ermöglichen. Entscheidend war gleichwohl die Botschaft des gemeinsamen Handelns, von der sich so viele inspirieren ließen, die sich nach Veränderungen sehnten.

Das weibliche Subjekt – vom Patriarchat gespalten?

In feministischen Kreisen wurde das Auftreten der drei Frauen keineswegs einhellig begrüßt. Die Soziologin und Genderexpertin Irina Solomatina etwa erklärte, die Frauen des Vereinigten Teams verstünden sich lediglich als Opfer. Sie hätten keine eigenen Ambitionen, wollten nur ihren Männern den Weg ebnen und zementierten die patriarchalische Ordnung.[11] Zentrale feministische Themen wie etwa häusliche Gewalt würden sie nie erwähnen. Die Psychologin Olga Andrejewa entgegnete, in Belarus seien Frauen und Männer in gleichem Maße Opfer von Gewalt. Die feministische Position bestehe gerade darin, in allen Sphären gegen diese Gewalt vorzugehen, und nicht nur dort, wo sie Frauen betrifft. Auch behaupteten feministische Kritikerinnen wie Elena Gapova, die Kandidatur von Swetlana Tichanowskaja und der Zusammenschluss der drei Frauen seien lediglich eine Reaktion auf die staatlichen Repressionen gegen die Männer gewesen.[12] Doch diese Kritik verfehlt einen wichtigen Punkt. Es ist zwar richtig, dass die Frauen in Belarus im Zusammenhang mit der Verhaftung der führenden Männer aktiv wurden. Doch das ist etwas anderes, als zu sagen: »Die Frauen haben die politische Bühne erst betreten, als alle wichtigen Männer verhaftet waren.« Tatsächlich wurden nur einige führende Männer verhaftet. Deren Stelle hätten andere Männer einnehmen können, und die Frauen wären weiterhin im Schatten geblieben.

»Eine von uns« – Swetlana Tichanowskaja, Hausfrau

Die Kritik Irina Solomatinas galt zweifellos Swetlana Tichanowskaja. Diese hatte auf einer Wahlveranstaltung gesagt, sie sei keine Politikerin und strebe nicht an die Macht: »Ich will mich um meine Kinder und meinen Mann kümmern und wie früher meine Frikadellen braten.« Dieser Satz machte nicht nur in Belarus Furore. Er bestätigte das von den Massenmedien wie von politischen Beobachtern im In- und Ausland verbreitete Bild der treusorgenden Gattin und Hausfrau. Im gleichen Atemzug rief Tichanowskaja jedoch die Bürger dazu auf, für sie zu stimmen: Sie stehe für faire Wahlen und den unaufhaltsamen Wandel. Dies zeigt, dass die 38-jährige Tichanowskaja nur zum Teil ein traditionelles, patriarchalisches Frauenbild bediente.

In einer Ende Juli ausgestrahlten BBC-Reportage spricht sie darüber, wie sie sich verändert habe. Als sie bedroht wurde, habe sie zuerst geweint und sich dann zusammengerissen. Während sie erzählt, kämpft sie mit den Tränen. Sie habe viel lernen müssen, vor allem das Auftreten vor Publikum, den Umgang mit der öffentlichen Sichtbarkeit und das Arbeiten im Team. Das Vereinigte Team, in dem alle voneinander lernen und einander unterstützen, habe eine unschätzbare Rolle gespielt. So sei eine »neue Swetlana« entstanden, ein wenig selbstsicherer und ein wenig mutiger, aber immer noch genauso direkt und einfach, bereit, aus Liebe eine große Verantwortung zu tragen.

Die unabhängigen Medien in Belarus reagierten rasch auf die Veränderung Swetlana Tichanowskajas. Sie nannten sie nicht mehr Hausfrau und berichteten nun, dass sie die Schule mit Auszeichnung abgeschlossen, ein Philologie-Studium absolviert und für verschiedene Organisationen als Übersetzerin aus dem Englischen gearbeitet hatte.

Die BBC-Reportage zeigte noch einmal, wie gut das Vereinigte Team die Themen Solidarität und Kooperation gewählt hatte. Ohne Feministin zu sein, bemerkte Tichnowskaja treffend, gerade die solidarische und horizontale Unterstützung anderer verleihe Frauen Kraft, da sie es nicht gewohnt sind, in der Öffentlichkeit aufzutreten. Vor den Augen der belarussischen Gesellschaft – und einen Monat später der Weltöffentlichkeit – vollzog sich die Geburt einer politischen Führungspersönlichkeit. Dies war auch eine Form des *empowerment* für die Frauen, die diese Verwandlung beobachteten. Es verlieh ihnen Kraft und Sicherheit.

In dem neuen Selbstverständnis Swetlana Tichanowskajas konnte sich die belarussische Gesellschaft wiedererkennen. Ebenso wie Tichanowskaja überwand die Gesellschaft sich selbst und wurde zum politischen Subjekt. Viele sagten, sie seien in diesen Monaten aufgewacht, sie erlebten gerade ihre politische Erweckung als Staatsbürger. Den Anstoß hatte eindeutig der Aufruf des Vereinigten Teams gegeben, gemeinsam und solidarisch als Bürger:innen zu handeln. Die drei Frauen an der Spitze demonstrierten, dass man nicht als Politiker geboren wird, sondern es werden kann; dass man sich dazu machen muss; dass dies nicht immer ganz leicht, aber durchaus möglich ist. Und dass es in der Politik nicht nur darum geht, Entscheidungen zu treffen, sondern auch um Mitgefühl und Verantwortung für das Schicksal anderer Menschen – und der gesamten Gesellschaft.

Bei Swetlana Tichanowskaja spüre man, dass sie »eine von uns« ist, sagte Sergej Dylejewski, der »bekannteste Arbeiter von Belarus« und später Mitglied im Koordinierungsrat, in einem Interview. Sie spreche die gleiche Sprache wie die Menschen, und zugleich sei sie, wie seine eigene Frau, bereit, mit ihrem Mann das Äußerste auf sich zu nehmen.[13]

Dies ist die Stärke und die Schwäche der Politikerin Swetlana Tichanowskaja: Ihre Volksnähe geht unweigerlich mit patriarchalischen Vorstellungen einher. Zweifellos war genau diese Ambivalenz auch die Voraussetzung dafür, dass die Gesellschaft sie als ihre Kandidatin anerkannte. Diese Ambivalenz kennzeichnete auch die Ereignisse nach Tagen der brutalen staatlichen Gewalt, mit denen das Regime auf die ersten Proteste gegen das offizielle Wahlergebnis reagiert hatte: Viele Frauen gingen nun als Ehepartnerinnen, Lebensgefährtinnen und Mütter der verprügelten und gefolterten Männer auf die Straße – und zugleich als Anführerinnen einer Bewegung, als selbständige und solidarische Bürgerinnen.

Die Botschaft vom *empowerment* der Frauen und der gesamten Gesellschaft verkörperte in gleichem Maße auch Maria Kolesnikowa. Der Lebensweg der Musikerin und Kulturmanagerin war jedoch völlig anders verlaufen als der ihrer gleichaltrigen Teamkollegin Swetlana Tichanowskaja. Erst im Frühjahr 2019 war Kolesnikowa aus Deutschland zurückgekehrt, wo sie zuvor zwölf Jahre gelebt hatte. Sie hatte in Stuttgart studiert und war dort als Flötistin, Musiklehrerin und Pressemanagerin des Eclat-Festivals für Neue Musik tätig. Als Leiterin verschiedener Kulturprojekte, unter anderem des von Viktor Babariko und der *Belgazprombank* im Jahr 2017 eröffneten Kulturraums OK 16 in der Oktoberstraße, hatte sie nicht nur organisatorische Erfahrungen gesammelt – das Leben als öffentliche Person war ihr vertraut. Sie verstand sich explizit als Feministin und hatte sich die Förderung von Frauen zur Aufgabe gemacht. Als Grund nannte sie die in Belarus weit verbreitete häusliche Gewalt gegen Frauen sowie die gläserne Decke, an die Frauen im Berufsleben stoßen.[14] In viel höherem Maße als Männer müssten Frauen Ängste und Unsicherheit überwinden, Zusammenschlüsse zur wechselseitigen Unterstützung gründen, um ihre Ideen und Interessen zu verwirklichen.

Dies entspricht der Erfahrung, die Swetlana Tichanowskaja im BBC-Interview schildert. Zugleich wird deutlich, dass es falsch ist, das Vereinigte Team nur in Swetlana Tichanowskaja oder gar in der patriarchalischen Dimension ihres Charakters verkörpert zu sehen.

»Seitdem hasse ich dieses Regime« – Veronika Zepkalo, Managerin

Die Dritte im Bunde des Vereinigten Teams, Veronika Zepkalo, arbeitete als international erfahrene Managerin im IT-Sektor. Sie brachte vor allem wirtschaftliche Themen in den Wahlkampf ein und hatte die Folgen von Lukaschenkos Politik für die verschiedenen sozialen Gruppen im Blick – Rentner, Lehrer und Ärzte. Die Löhne und die Altersversorgung in Belarus stellte sie den Einkommen und Renten in anderen Ländern gegenüber. Zepkalo kritisierte die Korruption im Bausektor und die Verschwendung von Steuern für überdimensionierte Sportveranstaltungen. Wie ihr Mann erinnerte sie an den Wohlstand, den Belarus zu sowjetischen Zeiten erreicht hatte, und zog daraus den Schluss, dass die Menschen in Belarus ein besseres Leben verdient hätten. Sie prangerte die erniedrigende Lage der Rentner an, die mit 300 oder 400 Rubeln im Monat auskommen müssen und davon auch noch ihre Enkel unterstützen, und hielt dem Staat vor, er instrumentalisiere die Lehrer, indem er sie zwinge, sich an den Wahlfälschungen zu beteiligen.[15] Bei einer Veranstaltung in Minsk erzählte sie mit Tränen in den Augen, wie im Jahr 1996 ein inszeniertes Strafverfahren gegen ihre Mutter eröffnet worden war, die zu dieser Zeit als Leiterin der Gebietsfiliale der *Belarusbank* in Mogiljow gearbeitet hatte. Ihre Mutter war damals bereits an Krebs erkrankt, das Verfahren habe sie in den Tod getrieben. Dies sei ein Wendepunkt in ihrem Leben gewesen. In diesem Moment habe sie den wahren Charakter des Regimes erkannt.

Mit der Kandidatur Tichanowskajas und der anschließenden Bildung des Vereinigten Teams hat sich in Belarus ein neues weibliches Subjekt konstituiert, eine Subjekt-Allianz, eine Koalition oder Assemblage, wie es Judith Butler im Anschluss an Deleuze und Guattari nennt. »Freiheit«, schreibt Butler, werde »meistens mit anderen ausgeübt und dies nicht notwendigerweise auf eine vereinheitlichte oder konformistische Weise. Sie erfordert oder erzeugt nicht unbedingt eine kollektive Identität, aber eine Reihe von ermöglichenden und dynamischen Beziehungen, darunter Unterstützung, Streit, Bruch, Freude und Solidarität.«[16] Butler setzt sich kritisch mit Hannah Arendt auseinander, die in *Vita activa oder Vom tätigen Leben* »ausdrücklich das Private als die Sphäre der Abhängigkeit und Untätigkeit vom Öffentlichen als der Sphäre eigenständigen Handelns unterscheidet« (62 f.). Sie bezweifelt, dass wir uns im öffentlichen Raum ganz und gar von dem Nicht-Handeln befreien, das nach Arendt die private Sphäre kennzeichnet. Denn gerade die Interdependenz – ein Schlüsselwort für Butler – verleiht uns die Kraft, für unsere politischen Ziele zu kämpfen, wenn »die gesellschaftlichen Bedingungen der Existenz selbst unter ökonomischen und politischen Beschuss geraten sind« (S. 63). Doch sie stimmt mit Arendt überein, dass es auf die Erhaltung eines Raums »zwischen« den Teilnehmern und Teilnehmerinnen der öffentlichen Sphäre ankommt, eines Raums, der diese zugleich verbindet und trennt, sie eint, ohne die Unterschiede zwischen ihnen aufzuheben. »Der

Gebrauch der Freiheit«, schreibt Butler, »ist etwas, das nicht aus dir oder aus mir kommt, sondern aus dem, was zwischen uns ist, aus dem Bund, den wir in dem Moment schließen, in dem wir gemeinsam Freiheit ausüben, einem Bund, ohne den es überhaupt keine Freiheit gibt« (S. 73). Dieser Bund löst weder das »Ich« noch das »Wir« auf, sondern konstituiert eine echte Gleichheit der politischen Akteure. In der Allianz oder der Koalition kommt die Vielfalt der dynamischen Beziehungen zwischen den politischen Akteuren und Akteurinnen zum Ausdruck. Sie ist das Wesen von Politik als solcher. Dies demonstrierte das Vereinigte Team, als es erklärte, es sei der Kristallisationspunkt einer Solidarisierung der gesamten belarussischen Gesellschaft.

Die neue kollektive Subjekt-Allianz war ein Spiegel der belarussischen Gesellschaft, die nach dem 9. August mit Solidaritätsketten und Frauenmärschen und in vielerlei anderer Form zum Ausdruck brachte, dass sie mit dem herrschenden politischen Regime nicht einverstanden ist. Wie die drei Frauen an der Spitze des Vereinigten Teams lernte sie, ein kollektives solidarisches politisches Subjekt zu werden.

In dieser ersten Phase lag der feministische Akzent, den die drei Frauen gesetzt hatten, vor allem auf der Idee des *empowerment*. Swetlana Tichanowskaja, Maria Kolesnikowa und Veronika Zepkalo wurden zum Vorbild für viele Frauen und Männer in Belarus, deren Selbstwertgefühl und Selbstsicherheit in kurzer Zeit wuchs – ein Phänomen, das sie als ein plötzliches Wachwerden erlebten.

»Die Geliebte gibt man nicht her«

In den letzten zwei Wochen vor der Wahl trat das Vereinigte Team in mehr als zehn Städten im gesamten Land auf. Zu den Veranstaltungen, die nicht in Minsk stattfanden, kamen zwischen 3 und 10 Prozent der Einwohner. Gerade in kleineren Städten war der Anteil besonders hoch. Niemals zuvor hatte dort ein solch frischer Wind geweht. Dass sich auch abseits der Hauptstadt viele Menschen einen Wandel wünschten, war bereits bei den Protesten gegen die sogenannte Schmarotzersteuer im Jahr 2017 deutlich geworden. Bereits damals hatten Expert:innen von einer Regionalisierung der Proteste gesprochen.[17] Doch im Juli 2020 erreichte die landesweite Unzufriedenheit eine neue Dimension.

Auch der amtierende Präsident reiste durchs Land. Bei seinen Auftritten erklärte er stets, die Wahlen hätten keine große Bedeutung, es sei ja gegenwärtig auch Erntezeit. In üblicher Manier beleidigte er seine politischen Gegner. Den inhaftierten Viktor Babariko nannte er einen »dickbäuchigen Kapitalisten«, Valeri Zepkalo bezeichnete er als »räudig«, womit er wohl meinte, dass dieser seiner, Lukaschenkos, Kontrolle entglitten sei. Auch seine Verachtung für die drei Frauen demonstrierte er immer wieder.

Am 4. August, fünf Tage vor dem Wahltermin, hielt Lukaschenko seine jährliche Ansprache an das Volk und die Abgeordneten der Nationalversammlung. Es war der erste Tag, an dem die Wähler vorzeitig ihre Stimme abgeben konnten – ein Reglement, das das Regime regelmäßig zur Wahlfälschung nutzt. So war die anderthalbstündige Rede Lukaschenkos faktisch eine Wahlkampfrede.[18] Die rhetorischen Muster waren dieselben wie in den vielen Jahren zuvor. Lukaschenko zeichnete zunächst das Bild einer in Krisen, Kriegen und Konflikten zwischen den Großmächten gefangenen Welt, in der Belarus dank seiner Amtsführung einen friedlichen Platz gefunden habe. Anschließend schilderte er die Situation im eigenen Land in rosigen Farben, um den von ihm gewählten Weg als die einzig richtige Strategie zu preisen. Den letzten Teil seiner Rede widmete er dem nächsten Fünfjahrplan.

Neu war, dass Lukaschenko überwiegend reagierte und nicht mehr selbst den Ton und die Themen bestimmte. Er bezog sich direkt auf seine Gegenkandidaten, die er als »Alternativler« bezeichnete, darunter jene, die er hatte verhaften lassen. So sprach Lukaschenko Viktor Babarikos Vorschlag an, zur Verfassung aus dem Jahr 1994 zurückzukehren, die er mehrfach hatte ändern lassen, um seine persönlichen Vollmachten auszuweiten. In diesem Zusammenhang kam er auf die 1990er Jahre zu sprechen. In Lumpen seien die Belarussen damals herumgelaufen. Lukaschenko versprach – bzw. drohte –, eine Rückkehr in diese Zeit werde es nicht geben. Mit unverhohlener Wut sprach er von der Jugend, insbesondere den Absolventen der Belarussischen Staatlichen Universität (BGU), und über

Menschen aus dem Kulturbereich, die er in der von ihm häufig verwendeten belarussisch-russischen Mischsprache verächtlich »Erschöpfer« nannte.[19]

Die Invektive gegen die Jugend hatte damit zu tun, dass am 28. Juli mehr als tausend Absolvent:innen des Lyzeums der BGU – dort studierte auch Lukaschenkos Sohn Kolja – eine Erklärung unterzeichnet hatten, in der sie unter Berufung auf die Verfassung freie Wahlen forderten. Die Kulturschaffenden hatten am 1. Juli ein multimediales Internetprojekt unter dem Namen #*kultprotest* gestartet, an dem sich eine nicht unerhebliche Zahl von Künstlern unterschiedlicher Profession beteiligten, sowohl Freischaffende als auch Angestellte staatlicher Einrichtungen, um gemeinsam zu fairen Wahlen aufzurufen. Zugleich kündigten sie ihre Bereitschaft auf, weiter mit einem Staat zusammenzuarbeiten, der Wahlen fälsche. Ähnliche Aufrufe gab es auch aus anderen Berufsgruppen. Die bekannte Biathletin Daria Domratschewa und die Weltmeisterin im Freestyle-Skiing Alexandra Romanowskaja stellten sich auf die Seite der Protestbewegung. Die mehrfache Europameisterin im Kugelstoßen Nadeschda Ostaptschuk wurde Mitglied im Koordinierungsrat. Mehrere Fernsehmoderatoren der staatlichen Kanäle sowie Künstler und Fernsehstars[20], Lehrer[21] und Absolventen zahlreicher Schulen, Gymnasien und Universitäten schlossen sich der Bewegung an.

In seiner Ansprache an das Volk äußerte sich Lukaschenko erneut beleidigend über Swetlana Tichanowskaja und ihr Team. »So haben sie sich diese drei unglücklichen Gören gesucht, die nicht verstehen, was sie sagen und was sie tun.« Damit unterstellte er zum einen, die drei Frauen und generell alle, die sich ihm nicht fügen, seien »aus dem Ausland gelenkte Marionetten«. Zum anderen sprach er Tichanowskaja, Kolesnikowa und Zepkalo de facto die Fähigkeit zum selbständigen Urteil ab.

Lukaschenko beendete seine Rede mit einem bemerkenswerten Satz: »Belarus steht geschlossen hinter uns. Dieses reine und lichte, ehrliche und schöne, arbeitsame, etwas naive und ein klein wenig verletzliche Heimatland. Doch es ist unsere Heimat! Unsere geliebte Heimat. Und die Liebste gibt man nicht her.« Lukaschenko hatte sich selbst immer wieder als »Vater« bezeichnet, Belarus betrachtete er als seine Familie und sein Eigentum. Rein, licht, ehrlich, schön, arbeitsam, naiv – das sind auf Frauen gemünzte Rollenzuschreibungen in einer patriarchalischen Familie. Die Frau soll der Familie und dem Vater dienen, außerhalb der Familie hat sie keine Existenz.

Sogleich folgt auch der warnende Hinweis auf die Grenzen, die Frauen nicht zu überschreiten haben. Ihre Verletzlichkeit und die ihnen widerfahrene Gewalt ist normal und daher nicht der Rede wert.

Der Präsident als Ehemann der Nation

Patriarchale Missbrauchsrhetorik dieser Art hörte Belarus nicht zum ersten Mal. Ein kurzer Blick zurück.

Bereits 2005 hatte die Genderforscherin Almira Ousmanova dargelegt, wie in Schönheitswettbewerben die Figur der Miss Belarus konstruiert wird. Lukaschenko, der den Wettbewerb 2004 unter seine Fittiche genommen hat, tritt als deren Vater und Ehemann auf. Wie das führende staatliche Propagandablatt *Sowjetskaja Belarus* damals erklärte, sollten diese Wettbewerbe Ausgangspunkt für den Einzug von Frauen ins Parlament sein. Siegerin im nationalen Schönheitswettbewerb – dies ist das Ideal der belarussischen Frau, ganz wie das Ideal des belarussischen Mannes der erfolgreiche Sportler ist. Lukaschenko selbst eifert diesem Ideal nach. »Er hat Kinder, er hat Enkel, doch der Platz der Frau an seiner Seite ist leer. Genauer gesagt: dort befinden sich verschiedene Frauen, in der Regel junge und attraktive, von denen viele den Filter von Schönheitswettbewerben durchlaufen haben und zu öffentlichen Personen geworden sind.«[22]

Lukaschenko, so Ousmanova, inszeniert sich als Ehemann der gesamten Nation, aller ihrer Frauen, die er stets beschützt, vorausgesetzt, sie verhalten sich »würdig« und nehmen den ihnen von den Männern zugewiesenen Platz in der Gesellschaft ein. Teil dieses Narrativs war auch seine Reaktion auf das Gesetz zur Eindämmung von häuslicher Gewalt. Frauenrechtsorganisationen hatten ein solches Gesetz jahrelang gefordert. Im Juli 2018 hatte das Innenministerium auf seiner Internetseite einen Entwurf zur öffentlichen Diskussion gestellt und diesen anschließend an den Ministerrat weitergeleitet. Dass der Staat das Problem anerkannte, war ein beachtlicher Erfolg für die belarussische Zivilgesellschaft. Nach Einschätzung von Expert:innen sind ein Drittel aller Frauen in Belarus von häuslicher Gewalt betroffen. Im ganzen Land aber gibt es nur ein einziges voll funktionsfähiges Frauenhaus, »Radislawa«, wo Frauen, die Opfer von Gewalt geworden sind, rund um die Uhr Schutz finden können. Es gibt weder adäquate Prozeduren zur Beweisaufnahme noch zur Bestrafung von Tätern, so dass drei Viertel aller häuslichen Gewalttaten in Belarus ungeahndet bleiben. Auch Prävention findet nicht statt. Mittlerweile erkennen nicht nur Expert:innen das Problem an.[23]

Im Oktober 2018 erklärte Lukaschenko, er erachte das Gesetz zur Eindämmung von häuslicher Gewalt für unnötig. Das seien Grillen, die der Westen den Leuten in den Kopf gesetzt habe; das Gesetz entspreche nicht den Interessen des belarussischen Volkes, zu dessen Sitten es gehöre, dass Eltern ihre Kinder bei Bedarf züchtigen. Im Westen, von wo dergleichen herübergetragen werde, würden gar keine Kinder mehr gezeugt, nicht zuletzt wegen der vielen homosexuellen Ehen. Daher seien solche Anwandlungen auch eine Gefahr für die Demographie.[24]

Diese Sätze fielen in einer Rede Lukaschenkos vor Soldaten in Brest, für die er selbst in die Uniform geschlüpft war. Er sprach über die Lage der Armee. Mit aller Kraft müsse um die Gewinnung neuer Soldaten gekämpft werden. Dann wechselte er zum Thema häusliche Gewalt, die er damit legitimierte. Und nicht nur sie. Keinem Zuhörer vor Ort konnte entgehen, dass auch die Kadettenschinderei in der belarussischen Armee mitgemeint war – die Gewalt, der junge Rekruten von Seiten der älteren Soldaten regelmäßig ausgesetzt sind.

In seiner Ansprache am 4. August 2020 verband Lukaschenko die von ihm beschworene Pflicht, die geliebte Heimat nicht aufzugeben, mit einer anderen Aufgabe, die

ihm zukomme: die Armee, die Polizei und die Geheimdienste zu schützen. Er werde nicht zulassen, dass jemand
diese »vor seinen Karren spannt und nach seiner Pfeife
tanzen lässt«. In den Tagen nach der Wahl am 9. August
erfuhr die belarussische Gesellschaft vor den Augen der
ganzen Welt, wie ernst Lukaschenko diese Worte gemeint
hatte – dass er bereit war, das ganze Land mit Gewalt zu
überziehen und zu vergewaltigen und mit aller Macht jene
zu schützen, die diese Gewalt in seinem Auftrag entfes-
selten.

Die Überwindung der Angst

Am 12. August gegen 11 Uhr versammelten sich 250 Frauen auf dem Komarowski-Markt in Minsk – Frauen verschiedensten Alters, alle weiß gekleidet und mit Blumen in der Hand. Einige hatten Plakate mitgebracht. Schweigend nahmen sie einander an der Hand. Nach etwa einer halben Stunde tauchten Polizisten auf. Sie forderten die Frauen auf, nach Hause zu gehen. Kleinbusse ohne Nummernschilder, besetzt mit maskierten Beamten, fuhren vor.

Die Atmosphäre war angespannt. Was in den Frauen vorging, war später in Interviews zu lesen, die sie den anwesenden Journalisten gaben. Sie hatten Angst – Angst, geschlagen zu werden, einen Knüppel auf den Rücken oder auf den Kopf zu bekommen, Angst, im Gefängnis zu landen. Zugleich waren sie entschlossen standzuhalten und fühlten sich in Gegenwart der anderen nicht allein: »Ich habe große Angst, aber ich kann es einfach nicht mehr mit ansehen, wie gegen Menschen mit Kriegsgerät vorgegangen wird. Ich will Frieden und unverfälschte Wahlergebnisse.«[25]

Größer als die Furcht vor Verhaftungen und physischer Gewalt war die Angst, dass es in Belarus immer schlimmer werden würde, wenn es ihnen nicht gelänge, die Gewalt zu stoppen. Das aber gehe nur gemeinsam.

Nach ungefähr einer Stunde legten die Frauen die Blumen auf dem Komarowski-Markt nieder und setzten sich unter dem Hupen der vorbeifahrenden Autos in Richtung der zentralen Achse der Stadt, der Allee der Unabhängigkeit, in Bewegung. Gleichzeitig strömten immer neue Frauen auf den Komarowski-Markt. Der Telegram-Chat, über den sich die Teilnehmerinnen verständigten, hatte mehr als 5000 Abonnenten. Ein Blumenhändler schenkte den Frauen Tulpen und Rosen, wofür er später von OMON-Einheiten brutal verprügelt wurde. Bereits am nächsten Tag begannen Frauen auch in anderen Vierteln von Minsk und in weiteren Städten Ketten der Solidarität zu bilden. Dem Protest, der in den ersten Tagen nach der Wahl niedergeknüppelt worden war, wurde neuer Atem eingehaucht. Die »Revolution mit weiblichem Gesicht« hatte begonnen.

Exzesse der Gewalt

Die Kette auf dem Komarowski-Markt war eine Reaktion auf die beispiellose Gewalt, die das Regime seit dem Abend des 9. August entfesselt hatte. Was sich in der Nacht auf den 10. August und während der drei Tage danach abspielte, sollte das Verhältnis der belarussischen Gesellschaft zur Staatsmacht und zu sich selbst für immer verändern.

Hunderte waren nach der Schließung der Wahllokale

gegen 22 Uhr zurückgekehrt, um aus den dort ausgehängten Protokollen der Stimmauszählung das Ergebnis der Wahl zu erfahren. An manchen Orten hatte laut Protokoll Alexander Lukaschenko gesiegt, an anderen Swetlana Tichanowskaja. An einigen Orten, so auch vor meinem Wahllokal, wurden die Ergebnisse erst gar nicht ausgehängt. In dem Gebäude, vor dem sich rund 250 Menschen versammelt hatten, gingen die Lichter aus. Die Wahlkommission war durch den Hinterausgang vor den Wählern geflüchtet. Mancherorts trieb der OMON die Wartenden auseinander.

Ein Teil der Bürger, die sich über die Zahlen in den Protokollen oder über die Geheimhaltung der Protokolle empörten, machte sich auf den Weg ins Stadtzentrum. Was dort geschah, erfuhren viele Belaruss:innen erst später, denn bereits ab 18 Uhr war das Internet blockiert. Nur wer Programme installiert hatte, die die Sperren umgehen konnten, hatte Zugang zu unabhängigen Meldungen über die Ereignisse.

Im ganzen Land kam es zu Protesten. Nicht nur in Minsk, in mehr als dreißig Städten gingen die Menschen zu Tausenden auf die Straße. Die Polizei, der OMON und Truppen des Innenministeriums setzten Tränengas, Wasserwerfer, Schockgranaten und Gummigeschosse gegen die friedlichen Demonstrant:innen ein. In Brest kam auch scharfe Munition zum Einsatz. Mehr als 6000 Menschen wurden in den ersten drei Nächten festgenommen. Zwei Menschen starben, einer in Minsk, einer in Brest. Tausende wurden gezielt misshandelt.[26]

Bilder, Videos und Audioaufnahmen überschwemmten

die Telegram-Kanäle und andere Portale des Internets. Film-aufnahmen zeigten Menschen, deren Körper mit dunklen Flecken und Striemen übersät waren. Viele mussten wegen Knochenbrüchen und anderen Verletzungen operiert werden. Männer und Frauen erzählten, mit welcher Brutalität sie geschlagen worden waren, zuerst bei der Festnahme, dann im Gefangenentransporter, dann auf dem Polizeirevier und schließlich im Gefängnis. Manche waren rein zufällig ins Epizentrum der staatlichen Gewalt geraten. Auch sie wurden in überfüllte Zellen gesteckt, lagen auf den Polizeirevieren und in den Gefängnissen stundenlang mit auf dem Rücken gefesselten Händen auf dem Boden, das Gesicht zur Erde, ohne auch nur mit Wasser versorgt zu werden. Sie wurden geschlagen und erniedrigt. Man zwang sie, sich als Faschisten zu bezeichnen und zu schwören, dass sie von nun an dem Lukaschenko-Regime die Treue halten würden. Einigen wurde mit dem Tod gedroht. Manche wurden sogar mit Granaten beworfen. Erst als sie den Menschen zwischen die Beine rollten, stellte sich heraus, dass sie nicht scharf waren.

Wendepunkt der Proteste

Am Abend des 11. August versammelte sich die Anwohnergemeinschaft, die sich um die Wahlbeobachter meines Wahllokals gebildet hatte, erneut auf einem der Höfe, um zu besprechen, wie man ausreichend Unterschriften sammeln könnte, um zu belegen, dass jedenfalls an diesem

Ort Swetlana Tichanowskaja gewonnen hatte. Den Entschluss, Unterschriften zu sammeln, hatten wir bereits einen Tag zuvor bei einer ähnlichen Zusammenkunft gefasst. Vierzig Personen waren gekommen. Anschließend hatten wir den Anwesenden Häuser zugeteilt, wo sie sich nach Tichanowskaja-Wählern erkundigen sollten, die bereit waren, ihre Wahl per Unterschrift zu bestätigen. Nun sollten die Unterschriften an das Organisationsteam übergeben werden, dem auch mein Mann und ich angehörten. Alle Anwesenden waren in großer Sorge, man teilte Informationen über die Gewalt, mit der das Land überzogen wurde. Zugang zum Internet hatte niemand.

Wenige Minuten nachdem die Mitglieder unserer Gruppe die Wohnung betreten hatten, in der wir das weitere Vorgehen besprechen wollten, kamen gut zehn Männer des OMON in voller Montur, mit Helmen und Knüppeln, in den Hof gerannt, bereit, jeden zu verprügeln, dessen sie habhaft werden konnten. Wochenlang ließ mich der Schrecken nicht los, der mir in die Glieder gefahren war, als ich begriff, wie knapp mein Mann, meine Nachbarn und ich den Knüppeln und der Verhaftung entgangen waren. Zugleich verlieh mir dieser Schrecken eine verzweifelte Entschlossenheit, den Widerstand gegen das, was um uns herum geschah, um keinen Preis aufzugeben.

Am 12. August wurde bekannt, dass Swetlana Tichanowskaja in der Nacht vom 10. auf den 11. August zur Ausreise nach Litauen gedrängt worden war. Der Geheimdienst hatte sie zuvor festgenommen, mehrere Stunden festgehalten und gezwungen, eine Videobotschaft aufzuzeichnen.

Die Protestwelle, die die Frauen mit ihrer Kette der Solidarität in Gang gebracht hatten, führte dazu, dass die Menschen, die in den Tagen nach der Wahl festgenommen und schwer misshandelt worden waren, ab dem 13. August freigelassen wurden. Dies gab den Anstoß zu weiteren Protesten.

Die Frauen auf dem Komarowski-Markt wussten nicht, wozu ihre Aktion führen würde. In Interviews, die sie Journalisten noch vor Ort gaben, erklärten sie, dass Freunde und Verwandte Opfer der Gewalt geworden seien. Dass dies nicht vergessen und nicht verziehen werden könne. Dass es eine neue Form des friedlichen Protests geben müsse, der statt in der Nacht am helllichten Tage stattfinde. Eine der Frauen erklärte, die Gründung des Vereinigten Teams habe sie dazu bewogen, auf den Platz zu kommen: Swetlana Tichanowskaja, Maria Kolesnikowa und Veronika Zepkalo hätten sich dem zu erwartenden Hammerschlag ausgesetzt, jetzt sei der Moment gekommen, an dem man sich mit ihnen solidarisieren müsse.[27]

Der Komarowski-Markt wurde schon bald als Wendepunkt der friedlichen Proteste begriffen: Die #evalution hatte sich nach knapp zwei Monaten erschöpft. Von nun an würden wir von Revolution sprechen. Die Exzesse der Gewalt seitens der Staatsmacht und die mutige Antwort der Frauen, die sich ihr entgegenstellten, hob die Proteste auf eine neue Stufe. Weit über die Kunstszene hinaus waren längst Menschen aus allen gesellschaftlichen Milieus involviert. Der 12. August bedeutete einen weiteren Schritt auf dem Weg zur Entstehung eines neuen kollektiven weiblichen Subjekts in Belarus. Er blieb fortan mit den Frauen, ihren Strategien der Solidarisierung und des Widerstands verbunden.

Eine neue Sensibilität

In den Medien wurden die Solidaritätsketten der Frauen zunächst auch anders interpretiert. Die Teilnehmerinnen, hieß es, definierten sich immer noch über Schönheit, sähen sich als Opfer, nähmen bereitwillig eine passive, nach- und untergeordnete Rolle ein.[28] Der russische Journalist Andrej Archangelski interpretierte das Motiv der Opferbereitschaft, die die Frauen nach dem 9. August in ihren Solidaritätsketten zum Ausdruck brachten, hingegen nicht als passives, sondern als aktives Moment. Anders als in der Ukraine 2014 könne sich die Demokratiebewegung in Belarus nicht auf bestehende Institutionen stützen. Die Frauen, die zu den Solidaritätsketten auf die Straßen gingen und sich auf dem Altar der Macht opferten, so schrieb er, würden gleichsam die Schuld einer 26-jährigen Passivität von sich und der Gesellschaft abwaschen. Zugleich verkündeten sie die Geburt einer neuen Sensibilität, die die demonstrierenden Belarussinnen und Belarussen mit allen Menschen auf der Welt verbinde, die unter der Pandemie und ihren Folgen leiden. Nur mit dieser Sensibilität habe unsere gemeinsame Welt eine Zukunft.[29]

Am 16. August, einem Sonntag, gingen zum ersten Mal Hunderttausende im ganzen Land auf die Straße – ein breiter Massenprotest, zu dem sich die gesamte belarussische Gesellschaft vereinte. Diese »Sonntagsmärsche« fanden bis Mitte November statt. Zwischen der Gesellschaft und Lukaschenko war ein Graben aufgerissen, der sich weiter vertiefte. Indem die Gesellschaft mit friedlichen Protesten zeigte, dass sie die Gewalt in den Tagen nach der Wahl nicht akzeptierte, begann sie in einer radikal anderen Sprache zu sprechen als der Staat, dessen Vertreter sich weigerten, die Verantwortung für das Geschehene zu übernehmen, und sie den Bürgern zuwiesen. Es zeigte sich, dass die Machthaber in Belarus nur eine Sprache kennen, die der Gewalt, während die Gesellschaft gerade dabei war, die Sprache friedlicher und solidarischer Aktionen zu erlernen.

Schon als die Gesellschaft den paternalistischen Angeboten Lukaschenkos widerstand und viele Menschen ihre Stimme für Swetlana Tichanowskaja abgegeben hatten, war der Anfang gemacht. Davon zeugen Wahlprotokolle, die nicht gefälscht wurden, sowie die Daten, die die unabhängige Organisation *Golos* (Stimme) erhob.[30] Davon zeugt auch der Empfang, den die Arbeiter des Minsker Zugmaschinenwerks Lukaschenko bereiteten, als dieser kurz nach der erzwungenen Ausreise Tichanowskajas zu ihnen sprechen wollte. Davon zeugt nicht zuletzt dieser Akt selbst, mit dem Lukaschenko »das Gör« als Repräsentantin der Gesellschaft anerkannte. Er hatte ihr nichts anderes entgegenzusetzen als Gewalt.

Ihm war ein »Fehler« unterlaufen, als er Tichanowskaja zur Wahl zugelassen hatte. Er hatte das Vereinigte Team unterschätzt. In patriarchalischen Vorstellungen gefangen, hatten er und sein Machtapparat sich nicht vorstellen können, dass eine Frau zur Bedrohung werden könnte.

Doch die neue gesellschaftliche Sensibilität gegenüber der Gewalt war nicht mehr auszulöschen. Als die Festgenommenen und Gefolterten vom 13. August an aus den Gefängnissen entlassen wurden, erwarteten sie freiwillige Helfer:innen, die Tag und Nacht vor den Haftanstalten ausgeharrt hatten und nun psychologische, juristische und materielle Hilfe anboten. Wer gesehen hat, wie traumatisiert diese Menschen aus den Gefängnissen kamen, wird ihren Anblick nie wieder vergessen.

Gleichzeitig kam es überall in Minsk und anderen Städten zu Protestaktionen: Frauen bildeten Menschenketten, vor der Philharmonie fanden Konzerte statt; spontan wurden kleine Ausstellungen organisiert, Arbeiter traten in Streik. Journalisten, Sportler, Lehrer und Vertreter:innen vieler anderer Berufsgruppen verabschiedeten gemeinsame Erklärungen, verließen ihren Arbeitsplatz, zeigten sich solidarisch mit jenen, die weiterhin in den Gefängnissen saßen. Allein in Minsk nahmen mehr als 200 000 Menschen am ersten Sonntagsmarsch teil.

Die Gründung des Koordinierungsrats

Die erzwungene Ausreise Swetlana Tichanowskaja löste auch international Empörung aus. Der litauische Außenminister Linas Linkevičius, der sie als Erster bekanntgegeben hatte, erklärte ebenso wie die USA schon wenige Tage nach der Wahl, dass man das offizielle Ergebnis der

Präsidentschaftswahlen nicht anerkenne und das belarussische Volk unterstütze. Ein Ende der Gewalt gegen friedliche Demonstranten, die Freilassung aller politischen Gefangenen, strafrechtliche Verfolgung der für die Gewalt Verantwortlichen und Neuwahlen – so lauteten die Kernforderungen der Protestierenden. Gab es einen Weg, darüber mit dem Regime zu verhandeln? Wo könnten solche Verhandlungen stattfinden? Wer könnte sie führen und unter wessen Vermittlung?

Um einen Ausweg aus der politischen Krise zu suchen, wandte sich Swetlana Tichanowskaja am 14. August auf dem Telegram-Kanal »Ein lebenswertes Land« an die Öffentlichkeit. Sie forderte die Bürger auf, sich zusammenzuschließen und einen Koordinierungsrat zu gründen.

Die Atmosphäre bei der ersten Zusammenkunft, an der auch ich teilnahm, war feierlich und angespannt zugleich. Wir wussten nicht, welche Konsequenzen die Mitarbeit im Koordinierungsrat für uns haben würde, ob wir vielleicht schon unmittelbar nach dem Treffen verhaftet werden würden. Bei dieser ersten Versammlung wurde auch klar, wie verschieden die Teilnehmer waren, welch unterschiedliche Vorstellungen sie von der künftigen Arbeit hatten und wie schwer es werden würde, eine gemeinsame Sprache zu finden.

Gekommen waren bekannte Persönlichkeiten aus der Zivilgesellschaft wie Ales Beljazki, der Vorsitzende des Menschenrechtszentrums *Wjasna*, oder Andrej Bastunez, der Vorsitzende des Belarussischen Journalistenverbands. Unter den jüngeren Aktivisten waren die 23-jährige Alana Gebremariam aus dem Präsidium des Belarussischen

Studentenbundes und der 33-jährige Pawel Belous, der zu Bekanntheit gelangt war, nachdem er in Minsk ein Geschäft eröffnet hatte, in dem er Gadgets mit nationaler Symbolik verkauft.

Mit der Auswahl der Kandidaten für den Koordinierungsrat hatte Swetlana Tichanowskaja ihre persönliche Vertreterin Olga Kowalkowa, Juristin und Oppositionspolitikerin, sowie den Anwalt Maxim Snak aus dem Wahlkampfteam von Viktor Babariko beauftragt. Die Erwartungen an die Kandidaten waren unklar, was Kritik hervorrief. Uneinigkeit herrschte zunächst über die politischen Forderungen, die der Rat vertreten sollte. Einige der gewählten Mitglieder bestanden darauf, den Rücktritt Lukaschenkos zu fordern, andere waren der Ansicht, es müsse ein politischer Prozess eingeleitet werden. Schließlich einigte man sich auf die Kernforderungen:

»Einstellung der politischen Verfolgung von Bürgern durch die Behörden, Eröffnung von Strafverfahren gegen die Verantwortlichen und Bestrafung der für schuldig Befundenen. Freilassung aller politischen Gefangenen, Aufhebung der rechtswidrigen Gerichtsurteile, Kompensationszahlungen an alle, denen Unrecht widerfahren ist.

Annullierung der Wahlen vom 9. August. Durchführung von Neuwahlen nach internationalen Standards und mit neubesetzten Wahlgremien einschließlich der Zentralen Wahlkommission.«[31]

Des Weiteren wurden bei diesem ersten Treffen die Grundlagen für die Bildung von Arbeitsgruppen gelegt, die den verschiedenen Teilen der Gesellschaft – den Berufsgruppen, den Vertretern junger Menschen, die auf den Hofprotesten zusammengefunden hatten, u. a. – helfen sollten, ihre Interessen zu artikulieren und ihre Forderungen durchzusetzen.

Am 19. August wurde ein siebenköpfiges Präsidium gewählt – eine eindrucksvolle Runde von Persönlichkeiten, denen man aufgrund ihrer Erfahrung und ihres internationalen Renommees zutraute, die politischen Ziele nach innen wie nach außen zu vertreten. Die vier Frauen und drei Männer deckten unterschiedliche Berufsfelder ab. Die Altersspanne reichte von der 37-jährigen Maria Kolesnikowa bis zur 72-jährigen Literaturnobelpreisträgerin Swetlana Alexijewitsch. Neben drei Jurist:innen stand Sergej Dylejewski, der die Arbeiter der Minsker Traktorenfabrik repräsentierte. Außer Pawel Latuschko, ehemaliger Kulturminister, der Mitte August aus Protest die Leitung des staatlichen Janka-Kupala-Theaters niederlegte, hatte niemand je ein politisches Amt bekleidet.

Für mich war Maxim Snak von besonderer Bedeutung. Der 39-jährige Jurist trat nicht nur sehr professionell auf, sondern fungierte dank seines offenen und kreativen Charakters auch als Brücke zwischen den im Koordinierungsrat vertretenen Generationen, etwa wenn diese darüber diskutierten, ob ein eher abstrakter, universaler oder ein konkreter, an den spezifischen Belangen benachteiligter und ausgegrenzter Menschen orientierter Begriff der Menschenrechte zur Anwendung kommen solle.

Bereits am folgenden Tag eröffnete die Staatsanwaltschaft ein Strafverfahren gegen die Mitglieder des Präsidiums wegen Gefährdung der nationalen Sicherheit. Olga Kowalkowa wurde am 21. August festgenommen und zu zehn Tagen Arrest verurteilt, bevor sie am 5. September gezwungen wurde, das Land zu verlassen. Pawel Latuschko wurde vom Geheimdienst KGB vorgeladen und verließ am 2. September das Land. Sergej Dylejewski wurde am 25. August verhaftet und ging, als er 25 Tage später aus dem Gefängnis kam, ebenfalls außer Landes. Die 67-jährige Lilia Wlasowa, eine der bekanntesten Frauen in Belarus, die sich auf dem Feld der *law mediation* einen Namen gemacht hat, wurde am 31. August festgenommen und verbrachte anderthalb Monate im Gefängnis, wo der Staat sie ebenso rücksichtslos behandelte wie alle anderen Gefangenen. Viele der mehr als fünfzig Mitglieder des Koordinierungsrats wurden zu Verhören vorgeladen.

Die Märsche der Frauen

Am 29. August um vier Uhr nachmittags setzte sich in Minsk der erste Frauenmarsch in Bewegung. »Große Parade der femininen Friedenstruppen« lautete das Motto. Feministinnen, die über einen Telegram-Kanal miteinander in Verbindung standen, wollten mit einem eigenen Zug teilnehmen. Das größte ihrer Transparente trug die Aufschrift »Freiheit, Gleichheit, Schwesterlichkeit«. »Fick dich, Patriarchat« stand in Regenbogenfarben auf einem Transparent der LGBT-Community. Ein anderes Riesenplakat (»Vorwärts, meine Liebe«) zeigte an, dass Frauen teilnahmen, die sich in den Jahren zuvor unter diesem Motto für ein Gesetz gegen häusliche Gewalt engagiert hatten. Auf vielen Plakaten standen feministische Aufrufe wie: »Platz frei für die Frau«, »Deine Wahl: Eine Frau«, »Marsch der diktaturmüden Frauen«, »Kämpfen wie ein Girlie«, »Hau ab Sascha, und nimm dein Patriarchat mit« (Sascha ist die Kurzform des Vornamens Alexander, gemeint ist der langjährige Präsident), »Menschenrechte: Der beste Freund der Frauen«, »Die Verfassung gehört mir«, »Die Verfassung gehört nicht Lukaschenko«, »Dictatorship must die from hands of women«, »House Wives Matter«, »Everything is political when you're a woman«, »Belarusian revolution is made by women«.

Als die Feministinnen ihren Zug zu formieren begannen, blockierten Polizei und OMON den Zugang zu jenem Teil der Straße, wo sie sich versammeln wollten. So verstreuten sie sich in der großen Menge der anderen Demonstrantinnen. Später stellten die Feministinnen sich auf dem Gehweg auf, der den Platz des Sieges säumt, während der Platz selbst von maskierten OMON-Einheiten blockiert wurde, die ausgerüstet waren, als hätten sie es mit bewaffneten Protestsquads zu tun. Kleinbusse zum Abtransport von festgenommenen Frauen standen bereit. Der OMON nahm den gesamten Platz ein. Ich stand den maskierten Männern gegenüber und hielt mit drei anderen Frauen ein Plakat mit der Aufschrift »Freiheit, Gleichheit, Schwesterlichkeit« hoch. Was ich empfand, war weniger Angst als Hilflosigkeit – und Entschlossenheit: Sobald sie einen Fehler machen, gehen wir los und ziehen durch die Stadt. Doch zunächst liefen wir nur um den Platz herum.

Dann tauchte Nina Baginskaja auf.

Die 73-Jährige war berühmt geworden, nachdem sie am 13. August mit einer großen weiß-rot-weißen Fahne über eine Brücke im Stadtbezirk ›Sportpalast‹ gegangen und der OMON ihr den Weg versperrt hatte. Die Polizei forderte sie auf umzukehren, doch sie fügte sich nicht, sondern erklärte: »Ich gehe [nur] spazieren.« (»Ja guljaju!«) Die Umstehenden applaudierten, und einer der OMON-Männer stützte sie sogar, als sie stolperte. Seit diesem Tag lautet die Antwort von Frauen und Männern, denen die Beteiligung an einer nicht genehmigten Demonstration vorgeworfen wird: »Ich gehe [nur] spazieren.« Immer wieder hielt der OMON Nina Baginskaja an und nahm ihr die Fahne ab, die längst zu ihrem Symbol geworden war und die sie immer wieder neu nähte. Mehrmals wurde sie für einige Stunden festgenommen. Ihre Wohnung wurde durchsucht. Doch Woche für Woche ging sie erneut auf die Straße.

Bereits 1988 hatte Nina Baginskaja mit einer weiß-rot-weißen Fahne in der Hand an einer Kundgebung im Waldstück Kuropaty vor den Toren von Minsk teilgenommen, wo Stalins Schergen in den Jahren 1937-1941 Zehntausende Menschen ermordet und verscharrt hatten. In den 1990er Jahren arbeitete sie am Institut für geophysikalische Prospektion. Weil sie dort darauf bestand, Belarussisch zu sprechen, wurde sie 1994 entlassen. Sie war Mitglied der oppositionellen Belarussischen Volksfront und wurde auf Kundgebungen und nach einsamen Mahnwachen immer wieder festgenommen und für mehrere Tage inhaftiert. Doch die Gesellschaft nahm sie nie ernst. Erst im Jahr 2020 änderte sich dies.

Als Nina Baginskaja am 29. August auf dem Platz des Sieges erschien, kam eine neue Dynamik in Gang. Sie trat auf die Fahrbahn, andere Frauen folgten ihr. Als der OMON sie zurück auf den Gehweg drängte, setzten sich die versammelten Frauen in Richtung der Allee der Unabhängigkeit in Bewegung. Doch als sie dort eine Absperrung bemerkten, änderten sie die Richtung. Damit hatten OMON und Polizei nicht gerechnet. Sie wussten nicht, wie sie die Menge aufhalten sollten, die nach Zählung unabhängiger Beobachter auf 10 000 Frauen angewachsen war. Gegen zwei Uhr bewegte sich der Marsch mal in die eine, mal in die andere Richtung über die Allee der Unabhängigkeit, die an mehreren Stellen abgesperrt worden war. Wenn eine Frau den Ort verlassen wollte, so tat sie dies niemals allein, sondern stets in einer Kolonne. So schützten die Frauen nicht nur sich selbst, es gelang ihnen sogar, einige Männer, darunter einen Journalisten, vor der Festnahme zu bewahren. Wenn der OMON diesen Kolonnen den Weg versperrte, änderten die Frauen einfach die Marschrichtung. Dies geschah immer wieder, und so tauchte bereits eine Woche später beim nächsten Frauenmarsch ein Plakat auf, das einen »Plan« für den Demonstrationszug zeigte: ein Wirrwarr verschlungener Pfade.

Diese Taktik, die Bereitschaft, schnell und flexibel die Richtung zu wechseln, setzte sich auch bei den allgemeinen Sonntagsmärschen durch. Der erste Frauenmarsch am 29. August endete gegen 20 Uhr, mehrere Teilnehmerinnen waren im Laufe des Tages festgenommen worden.

Am zweiten Frauenmarsch eine Woche später beteiligte sich neben den Feministinnen erneut die LGBT-Community. Olga Goa, die lange das Frauenhaus »Radislawa« geleitet hatte, trug ein großes Plakat mit der Aufschrift: »Lesben sind das Volk. Wir sind gegen Diktatur«. Sie wurde bei den Frauenmärschen mehrfach festgenommen, als Mutter eines minderjährigen Kindes jedoch spätestens nach 72 Stunden freigelassen. In einem Interview erzählten Frauen aus der LGBT-Kolonne, Maria Kolesnikowa habe sie zur Teilnahme bewegt, als sie sagte, dass sie auch Frauen liebe. »Sie ist zu einem Symbol unserer Sichtbarkeit geworden«, erklärte eine der Frauen aus der Community.[32] Auf einem anderen Plakat war zu lesen: »Lukaschenko ist ein soziales Konstrukt« – eine Anspielung auf die gängige Genderdefinition. Eine große Rolle spielten auch die Themen Liebe und Gewalt. Mit Schriftzügen wie »Power of love overcomes love of power« oder »The power of people is stronger than people in power« knüpften die Frauen an den Kampf der neuen sozialen Bewegungen in den USA an, die in den 1970er Jahren ihre Rechte erkämpft und Fortschritte für die gesamte Gesellschaft erreicht hatten. Darüber hinaus spiegelt sich im Thema »Liebe« der Geist der belarussischen Revolution: Liebe ist die einzige richtige Antwort auf Gewalt.

Beim Protestmarsch am 6. September in Minsk war der LGBT-Zug ein sichtbares Element. In der Allee der Unabhängigkeit, unmittelbar vor dem Kaufhaus GUM, hatte der OMON mit Spezialfahrzeugen eine Absperrung errichtet. Dort veranstalteten in Regenbogenflaggen gehüllte LGBT-Aktivistinnen eine Art Rave-Party. Viele vorbeiziehende Demonstrant:innen ließen sich fotografieren. Wie die Feministinnen auf den Frauenmärschen, so erklärten auch die LGBT-Aktivistinnen die Sichtbarkeit jeder Einzelnen zu einem konstitutiven Element der Demokratie. LGBT-Aktivistinnen und Feministinnen stellten sich hinter den gemeinsamen Kampf der Gesellschaft für ein Ende der Gewalt. Damit lenkten sie die Aufmerksamkeit auch auf sich selbst – zwei Gruppen, die dieser Gewalt in besonderem Maße ausgesetzt sind, nicht nur als Bürger, sondern vor allem als Frauen oder queere Menschen. Dass die belarussische Gesellschaft diese Forderungen aufgriff, genauer: dass es keine Anzeichen gab, dass sie sie ablehnen würde,[33] bestätigte die zentrale Bedeutung des Themas Gewaltfreiheit für die Protestbewegung in Belarus.

»Wer schlägt, der sitzt«, stand auf Plakaten, die ganz normale Bürger bei den allgemeinen Sonntagsmärschen trugen. Dies spricht dafür, dass die eng mit der Rolle der Frau in der Gesellschaft verbundene Selbstwahrnehmung der revolutionären Bewegung in eine nächste Phase eingetreten war: Der Idee des *empowerment* folgte die Idee eines solidarischen und konzertierten Widerstands gegen die Gewalt. Und da vor allem Feministinnen und Angehörige der LGBT-Community in den vergangenen fünfzig Jahren eine Sprache entwickelt haben, in der sich dieser Widerstand ausdrücken ließ, war es ihre Sprache, die nach dem 9. August zum Medium der Selbstrepräsentation der gesamten belarussischen Gesellschaft wurde – eine Gesellschaft, die nicht länger bereit ist, sich mit der Gewalt der Staatsmacht abzufinden. Eine Grenze war überschritten, es gab keinen Weg zurück.

Die vielen Sprachen des Protests

Die demonstrierenden Frauen waren eine heterogene Gruppe. Außer feministischen Plakaten waren auf den Frauenmärschen stets auch Plakate von Teilnehmerinnen zu sehen, die sich selbst und ihre Rolle in der Gesellschaft ganz anders sehen. »Muttersein ist die einzige lebenslange Pflicht« oder »Angst? Ich habe ein Kind zur Welt gebracht« war da zu lesen. Auch Vertreterinnen verschiedener Berufsgruppen gaben sich zu erkennen: Natur- und Geisteswissenschaftlerinnen, Frauen aus kreativen Berufen (Architektinnen, Designerinnen), Sportlerinnen, Ärztinnen – und Hausfrauen mit Transparenten, die sie als »Hausfrauenbataillon« oder »Küchenarmee« ankündigten. Stets nahmen an den Märschen auch Frauen teil, die sich in Brautkleider gewandeten, manche von ihnen verwandelten sich mit entsprechenden Accessoires in weiß-rot-weiße Fahnen. Auf ihren Plakaten stand etwa: »Sascha, ich lasse mich scheiden. Wir sehen uns vor Gericht!«, oder »Sascha, schieb die Mitgift rüber (unters Sofa☺)« – eine Anspielung auf einen Bericht, demzufolge die Polizei Swetlana Tichanowskajas Ehemann Sergej Geld untergeschoben hatte, das anschließend als Beweismittel gegen ihn dienen sollte.

Wie vielfältig die Identitäten der Teilnehmer:innen der verschiedenen Märsche waren, zeigen auch Umfragen.[34] Eine Analyse der zehn »Volksbefragungen«, die zwischen dem 3. September und dem 14. November unter Nutzer:innen eines in Belarus sehr verbreiteten Messenger-Dienstes durchgeführt wurden, ergab: Die Zusammensetzung der Protestierenden änderte sich über zehn Sonntage hinweg kaum. Männer waren mit 55 Prozent etwas stärker vertreten als Frauen. Zwei Fünftel gehörten zur Altersgruppe der Dreißig- bis Vierzigjährigen, auch die Altersgruppen 18 bis 31 Jahre und 41 bis 50 Jahre waren stark vertreten. Überdurchschnittlich viele Menschen hatten eine höhere Schuldbildung. Die am häufigsten genannten Berufsfelder waren IT, Industrie, Handel, Bau, Wissenschaft und Bildung.[35] Die Vielfalt war jedoch weit größer.

Am 5. November etwa gaben 15 Prozent der Teilnehmer:innen an, im IT-Sektor zu arbeiten, sie stellten die größte Gruppe. Zahlreiche weitere Berufsgruppen waren ebenfalls stark repräsentiert: Bauwirtschaft, Kultur, Medien, Verkehrsbetriebe, Hausfrau/-mann, Wissenschaft und Bildung, Gesundheit, Finanzen und Banken, Sport, haushaltsnahe Dienstleistungen, öffentliche Kantinen, Polizei, Armee und andere Gewaltorgane, Staatsverwaltung, Landwirtschaft, Studenten, Rentner, Arbeitslose. Bereits Ende August hatte die Soziologin Oksana Shelest auf der Basis von Umfragen eine große Heterogenität der Protestierenden festgestellt.[36]

Selbstverständlich sprachen nicht alle Frauen, die sich an den verschiedenen Protestaktionen und an den Frauenmärschen beteiligten, die gleiche Sprache. Und natürlich bedienten sich nicht alle der Sprache des Feminismus. Gewalt gegen Frauen, Gleichberechtigung der Frau – diese spezifischen Themen spielten bei den Protesten keine zentrale Rolle, obwohl sie auf allen Ebenen der belarussischen Gesellschaft, der ökonomischen, der politischen und der symbolischen, präsent sind. Sexismus ist weit verbreitet und durchzieht auch die nichtstaatlichen Medien. Die Frauen konnten darauf reagieren, weil sie erkannt hatten, welches Potenzial im gemeinsamen Handeln steckt, in der Solidarisierung, in der auf Empathie beruhenden Bereitschaft zur gegenseitigen Hilfe.

Die Ereignisse der folgenden Tage sollten zeigen, dass das Regime die Botschaft der Frauen verstanden hatte. Es nahm sie als neues kollektives Subjekt wahr, von dem nicht weniger Gefahr ausging als von den Männern.

Das Regime schlägt zu

Am Morgen des 7. September verschwand Maria Kolesnikowa. Augenzeugen berichteten, sie sei gegen 10 Uhr auf dem Gehweg vor dem Nationalmuseum unterwegs gewesen, als sich auf der Straße hinter ihr ein dunkler Kleinbus näherte. Drei Vermummte sprangen heraus, packten Maria und zerrten sie in das Fahrzeug. Zunächst fehlte von ihr jede Spur.

Es war ein Schock.

Niemand hatte die Herzen der Menschen erobert wie sie, niemand verkörperte so machtvoll den Aufbruch der Gesellschaft in eine andere Zukunft. Maria Kolesnikowa strahlte nicht nur Optimismus, sondern Selbstgewissheit aus. Sie habe keine Angst, wiederholte sie in Interviews, sie verstoße nicht gegen Gesetze und fühle sich deshalb sicher. Was könne man ihr schon anhaben?

Seit Juni hatte sie sich unermüdlich über ihren YouTube-Kanal an die Bürger des Landes gewandt, sie dazu aufgerufen, sich als Wahlbeobachter zu melden. Scharfsinnig kommentierte sie die Ereignisse und stellte Forderungen an die Machthaber. Bürgern aller Schichten und Milieus erklärte sie, wie viel die belarussische Gesellschaft bereits erreicht hat und dass es von jeder und jedem

Einzelnen abhängt, wie sich die Dinge im Land weiterentwickeln. Mit ihrer strahlenden Person demonstrierte sie, dass es auf Empathie und Solidarität, Optimismus und Vertrauen in die eigenen Kräfte ankommt, wenn der ersehnte Wandel Wirklichkeit werden soll. Unentwegt wiederholte sie ihre zentralen Botschaften: »Wir, Belarussen, sind unglaublich« - »Wir müssen rütteln, rütteln, rütteln«, bis das Regime einstürzt. Ihre Botschaften machten allen klar, dass der Kampf für die Demokratie lange dauern wird und dass er nur gemeinsam gewonnen werden kann.

Diese Worte richteten sich auch an die Frauen, denen sie im heute so fern erscheinenden Jahr 2017 bei einem Musikfestival in Minsk gesagt hatte: »Vor wenigen Jahrzehnten war es Frauen verboten, Mitglied in einem Orchester zu werden. Es ist eine große Freude zu sehen, dass sich alles wandeln kann. Die Gesellschaft verändert sich, wir alle verändern uns […] Wir sehen, dass jede von uns eine Stimme hat, die Gehör finden kann. Das ist ein Wunder. Wenn wir uns zu kleinen und großen Orchestern zusammentun, wenn wir das ungeheuer inspirierende Ziel haben, gemeinsam etwas zu erschaffen, dann werden uns wahre Meisterwerke gelingen.«

Am 30. August, dem dritten Protestsonntag, war Maria Kolesnikowa vor den »Wall« getreten, die mit Spezialfahrzeugen errichtete und von Männern in schwerer Schutzmontur verteidigte Absperrung vor dem Palast der Unabhängigkeit, und hatte den Polizisten zugerufen: »Passt auf euch auf, Jungs. Wir retten euch!« Videos von dieser Szene, in der Kolesnikowa im weißen T-Shirt, die Hände zu

einem Herz geformt, den schwarzen Männern entgegen-
tritt, verbreiteten sich wie ein Lauffeuer im Internet. Die
internationale Presse machte mit diesen Bildern auf. Kolesnikowa war den Männern auf der anderen Seite der Bar-
rikade respektvoll, vor allem aber von Gleich zu Gleich
begegnet. Sie erkannte damit an und demonstrierte dies
dem ganzen Land, dass jeder in Belarus eine Geisel des
Systems werden kann und dass jene, die es stützen, dies
nicht unbedingt wegen sicherer Löhne oder gar aus Bös-
artigkeit tun.

Der Plan geht nicht auf

Das Verschwinden Maria Kolesnikowas löste international Bestürzung und Empörung aus. Der deutsche Außenminister Heiko Maas forderte das Regime zu sofortiger
Klärung über ihren Verbleib auf und bezeichnete »die
fortgesetzten Verhaftungen und Repressionen, auch und
vor allem gegen die Mitglieder des Koordinierungsrates«,
als »nicht hinnehmbar«. Er kündigte eine Reaktion der
EU an.

Am Morgen des 8. September 2020 teilten die belarussischen Grenzbehörden mit, drei Mitglieder des Koordinierungsrats, neben Maria Kolesnikowa auch Ivan Krawzow und Anton Rodenkow, hätten in der Nacht versucht,
das Land in Richtung Ukraine zu verlassen.

Doch nur die beiden Männer meldeten sich aus der Ukraine. Was geschehen war, schilderten sie später den Journalisten.

Als sie die Nachricht erhielten, Maria Kolesnikowa sei von Unbekannten entführt worden, fuhren sie zu ihrer Wohnung. Dort trafen sie sie nicht an. Stattdessen stießen sie auf Männer in Zivil, die sie festnahmen und stundenlang verhörten. Irgendwann wurde ihnen mitgeteilt, Maria Kolesnikowa solle außer Landes gebracht werden, damit die Situation in Belarus sich entspanne. Sie beide müssten sie begleiten.

Am Abend des 7. September wurden Krawzow und Rodenkow gezwungen, in einem Konvoi von KGB-Fahrzeugen zur ukrainischen Grenze zu fahren. Dort sollten sie Kolesnikowa in ihren Wagen nehmen und an einem kleinen Übergang die Grenze überqueren. Nachdem die Geheimdienstler Maria unweit des Übergangs auf den Rücksitz des Autos gestoßen hatten, habe Krawzow, so erzählt er es, beschleunigen sollen, um so schnell wie möglich das Niemandsland zwischen den beiden Grenzposten zu durchqueren. Stattdessen habe er das Tempo gedrosselt und sei sehr langsam gefahren. Maria habe geschrien, sie werde das Land nicht verlassen. Dann habe sie ihren Reisepass, den der KGB den beiden Männern mitgegeben hatte, in Stücke gerissen. Da die Hintertüren des Autos blockiert waren, sei sie aus dem Fenster geklettert und zurück nach Belarus gelaufen.[37]

Maria Kolesnikowa hatte den Plan des Geheimdiensts vereitelt. Die belarussische Gesellschaft war begeistert vom Mut und der Durchsetzungskraft der jungen Frau, die alle dazu aufgerufen hatte, zu kämpfen, bis das Ziel erreicht ist.

»Mascha, die Heimat ruft!«

Die Brester Künstlerin Anna Redko, deren Porträts von Heldinnen und Helden der belarussischen Revolution auf rotem Grund in den Wochen zuvor zu Bekanntheit gelangt waren, fügte ihrer Serie noch am selben Tag ein Bild von Maria Kolesnikowa hinzu. Das Porträt greift ein bekanntes sowjetisches Plakat aus der Zeit des Zweiten Weltkriegs auf – Irakli Toidzes »Mutter Heimat ruft!«. Ihr Werk nannte Redko: »Mascha, die Heimat ruft!«[38]

Die Kampagne des Regimes zur Zerschlagung der Proteste ging weiter. Zwischen dem 5. und dem 8. September wurden mehrere führende Vertreterinnen der belarussischen Gesellschaft verhaftet oder entführt. Bei einigen fanden Hausdurchsuchungen statt. Auf dem zweiten Frauenmarsch wurde Nasta Zakharevich verhaftet und zu sieben Tagen Arrest verurteilt, eine Journalistin, die mit ihrem feministischen Blog auf der belarussischen Seite von Radio Svoboda bekannt geworden ist. Am selben Tag durchsuchten Polizisten die Wohnung der bekannten Ökologin und Umweltaktivistin Irina Suchi. Am 7. September war die Künstlerin Nadja Sajapina an der Reihe, die im Juni die Performance zur Unterstützung der #evalution organisiert und die Proteste mit kreativen Aktionen unterstützt hatte. Sie wurde zu zwei Wochen Arrest verurteilt, weil sie sich am 15. August an einer Performance vor dem Palast der Kunst im Stadtzentrum von Minsk beteiligt hatte. Sie sollte den Protest gegen die Gewalt zum Ausdruck bringen, die der Staat zwischen dem 9. und dem 11. August entfesselt hatte. Die Künstlerinnen und Künstler hatten sich mit Fotos der Misshandelten aufgestellt. Einer der Beteiligten hatte sich entkleidet, um seinen mit Hämatomen übersäten Körper »auszustellen«. Anschließend hatten sie die Fotos an der Außenwand des Kunstpalasts befestigt. Sajapina und den anderen festgenommenen Frauen wurde nicht nur die Beteiligung an illegalen Protesten, sondern deren Organisation angelastet.

Nicht einmal vor Swetlana Alexijewitsch machte das Untersuchungskomitee halt. Am 9. September tauchten unbekannte Männer vor ihrer Wohnungstür auf. Um sie vor einer Verhaftung zu schützen, begaben sich die in Minsk akkreditierten Botschafter der EU-Staaten in ihre Wohnung. Vor dem Haus versammelten sich zahlreiche Menschen, um die Behörden von einer Verhaftung abzuhalten. Ende September verließ sie Belarus, um Termine im Ausland wahrzunehmen. Anders als beabsichtigt, kehrte sie vorerst nicht nach Minsk zurück, sondern nahm eine Einladung nach Berlin an.

Am 9. September wurde auch Maxim Snak verhaftet – neben Alexijewitsch das einzige Mitglied im Präsidium des Koordinierungsrats, das noch nicht im Ausland oder im Gefängnis war.

Maria Kolesnikowa und Maxim Snak sind bis heute in Haft.

Neue Strategien des weiblichen Widerstands

Am Abend des 8. September gingen Hunderte Frauen auf die Straße und forderten die Freilassung Kolesnikowas. Immer wieder drangen maskierte Männer in den Protestzug ein und umringten die Teilnehmerinnen. In der Mascherow-Straße wurde eine kleine Gruppe an eine Wand gedrängt, auf die jemand den Slogan »3 %« gesprüht hatte, der schon im Mai, damals noch eher scherzhaft, die wahre Unterstützung für Lukaschenko in der Gesellschaft hatte ausdrücken sollen. Mindestens 55 Personen wurden festgenommen. Bilder der maskierten Männer in grünen Uniformen ohne Erkennungsabzeichen, die die aneinandergeklammerten Frauen umringen, einzelne von ihnen aus der Gruppe zerren und sie in bereitstehende Fahrzeuge stoßen, gingen um die Welt. Spätestens jetzt war allen klar, dass das Regime sich nicht mehr zurückhalten würde; der Sicherheitsapparat ging gegen Frauen genauso brutal vor wie gegen Männer.

Doch die Frauendemos gingen weiter. Zum dritten Marsch am 12. September kamen erneut um die 10 000 Frauen. Sie trugen Plakate, auf denen sie die Freilassung Maria Kolesnikowas forderten. Einige hatten ihre Lippen stark geschminkt, wie es Maria tat. Gleich zu Beginn nahmen maskierte Männer in Uniform am Platz der Freiheit, wo sich die Teilnehmerinnen versammelten, mehrere Frauen brutal fest. Dies geschah vor meinen Augen. Ich war mit Julia Mizkewitsch unterwegs, meiner Kollegin in der feministischen Gruppe (FemGruppe) des Koordinierungsrats. Als wir zum Rathaus am Platz der Freiheit kamen, begann eine zweite Welle der Festnahmen. Die Kräfte waren ungleich verteilt. Es waren fast so viele Polizisten wie Frauen. Immer neue Einheiten maskierter Einsatzkräfte fuhren vor. Julia und ich flüchteten in ein Café. Wir konnten nicht glauben, dass sie es tatsächlich schaffen würden, den Frauenmarsch zu verhindern.

Einigen gelang es, Polizisten die Maske vom Gesicht zu reißen, andere konnten die Kleinbusse, in denen die festgenommenen Frauen abtransportiert werden sollten, am Losfahren hindern. Etliche Frauen, die festgenommen werden sollten, unter ihnen Nina Baginskaja, konnten der Polizei sogar »entrissen« werden. Dann setzten die Frauen sich doch noch in Bewegung. Von allen Seiten kamen neue Teilnehmerinnen hinzu und auch wir schlossen uns an. Immer wieder verharrte die Kolonne, um auf zurückbleibende Gruppen zu warten. Überquerte die Kolonne eine Straße, bildeten Frauen zu beiden Seiten eine Kette, damit die Polizei nicht in den Zug eindringen und ihn aufbrechen konnte. Einen Autofahrer, den die Einsatzkräfte aus seinem Wagen gezerrt hatten, weil er den Frauen geholfen und einen Gefangenentransporter am Abfahren gehindert hatte, versuchten die Teilnehmerinnen der Polizei zu »entreißen«.

Es war wichtig, die mit jedem Marsch wachsende Angst in den Griff zu bekommen. Es war wichtig, in der Kolonne zu gehen, unablässig darauf zu achten, dass niemand zurückblieb, sich zu konzentrieren und zu spüren, wann der Moment gekommen war, sich abzusetzen, nach Hause zu verschwinden, um einer Verhaftung zu entgehen, ohne dadurch andere Frauen in Gefahr zu bringen. In das Gefühl wachsender Unsicherheit mischte sich noch immer Begeisterung: Wir waren viele. Wir gingen weiterhin auf die Straße. Die Frauen waren eine starke gesellschaftliche Kraft geworden.

Dennoch entschloss ich mich nach dem Marsch am 12. September, nicht mehr an den Frauenmärschen teilzunehmen. Zudem machte sich die große Belastung bemerkbar, an zwei aufeinanderfolgenden Tagen an einem mehrstündigen Marsch teilzunehmen, samstags am Frauenmarsch und sonntags an den allgemeinen Märschen. Es dauerte Tage, bis ich die emotionale Kraft, die ich dafür benötigte, wieder zurückgewonnen hatte.

An diesem 12. September wurden 94 Frauen festgenommen.[39]

Die aus Russland stammende Künstlerin Viktoria Lomasko hat die brutalen Verhaftungen auf dem Platz der Freiheit von der Terrasse eines Cafés aus beobachtet und gezeichnet. Sie war am 7. September aus Moskau gekommen und nahm am 8. an dem Marsch für die Befreiung von Maria Kolesnikowa teil. Eine Woche lang traf sie sich vor allem mit weiblichen Aktivistinnen und ging zu Gerichtsprozessen. Sie stand auf dem berühmten »Platz der Wende« in Minsk – einem der ersten und größten Epizentren der vielgestaltigen Hofaktivitäten –, besuchte zahlreiche Hoffeste und dokumentierte für die Belaruss:innen und das internationale Publikum die Ereignisse.[40] Eine Woche später schrieb sie mir: »Im Vergleich zu Minsk ist es hier in Moskau auf den ersten Blick sicherer. Aber wie finster ist der Himmel. Schwüle wie vor einem Gewitter. Bei euch ist das Unwetter schon da. Es ist gefährlich, aber man kann atmen.«

Am darauffolgenden Samstag versammelten sich viele Frauen in besonders eleganten und auffälligen Kleidern, um am »Glitzermarsch« teilzunehmen. Die Einsatzkräfte gingen noch brutaler vor. Diesmal waren sie den Frauen zahlenmäßig weit überlegen. Es gelang ihnen, sie einzukreisen. 360 Personen wurden festgenommen und auf ein Polizeirevier gebracht. Die meisten wurden noch am selben Abend freigelassen. Als eine Woche später erneut ein großer Frauenmarsch durch die Stadt zog, gingen die Einsatzkräfte anders vor. Sie nahmen weniger Personen fest, 124 waren es an diesem Samstag. Allerdings wurden nahezu alle in eines der beiden großen Untersuchungsgefängnisse gebracht: Das eine befand sich in der Okrestin-Straße in Minsk, das andere in Schodino, einer Kleinstadt rund eine Stunde östlich von Minsk.

Unter den Festgenommenen waren die bekannten LGBT-Aktivistinnen Olga Goa und Vika Biran (die zu 15 Tagen Arrest verurteilt wurde) und die Journalistinnen Maria Griz und Julia Mironowa. Die beiden Märsche haben sich mit ikonographischen Bildern in das kollektive Gedächtnis eingeschrieben: Olga Goa und Vika Biran, die beide die Hand zum Victory-Zeichen erheben, während sie abgeführt werden; die Stylistin Alexandra Worobjowa, die auf dem »Glitzermarsch« in raffiniertem Outfit festgenommen wird. Auch die Bikerin Jana wurde zu einem Symbol des weiblichen Selbstwertgefühls und des Widerstands. Ein Foto zeigt sie mit weiß-roter-weißer Fahne um die Schultern, von schwarz gekleideten, maskierten Polizisten umringt, wie sie sich ungerührt eine Zigarette anzündet und auch den Männern eine anzubieten scheint. Später erzählte sie in zahlreichen Interviews, das Foto halte den Moment ihrer Verhaftung fest. Zwei Polizisten seien auf sie zugerannt und hätten sie zu einem Gefangenentransporter gezerrt. Sie habe ihnen gesagt: »Ihr braucht mich nicht zu ziehen, ich komme von allein mit.« Dann sei ihr bewusst geworden, dass sie in den kommenden Tagen im Gefängnis keine Möglichkeit mehr haben werde, eine Zigarette zu rauchen.

Sie verbrachte eine Nacht im Untersuchungsgefängnis

in Schodino und wurde am nächsten Morgen wegen Beteiligung an einer nichtgenehmigten Versammlung zu einer Geldstrafe verurteilt.

Die FemGruppe des Koordinierungsrats und andere Organisationen

Das Vorgehen der Polizei bei den Frauenmärschen in der ersten Septemberhälfte zeigte, dass die Gewaltorgane Frauen inzwischen wie Männer behandelten und dass es neuer Strategien des weiblichen Widerstands bedurfte. Daher gingen die Frauen dazu über, in kleinen Gruppen mit Blumen in der Hand durch die Stadt zu spazieren. Verschiedene Telegram-Kanäle, etwa *Girl Power Belarus* mit mehr als 8000 Abonnentinnen und Abonnenten, entwickeln bis heute neue Strategien und dokumentieren die Aktionen und die Festnahmen.

Offensichtlich war es diese Hartnäckigkeit, die die Staatsorgane am 9. Oktober veranlasste, gleich vier Frauen festzunehmen, die sich explizit als Feministinnen verstehen. Drei von ihnen, Julia Mizkewitsch, Swetlana Gatalskaja und ich, waren Mitglied der FemGruppe des Koordinierungsrats; die vierte, Ewgenia Dolgaja, hatte als Journalistin zu den Themen Feminismus, LGBTQ und vulnerable Gruppen gearbeitet.

Die FemGruppe des Koordinierungsrats hatte sich praktisch mit der Gründung des Rats konstituiert. Ich hatte meine Kandidatur selbst angeboten, nachdem ich festgestellt hatte, dass es im Koordinierungsrat niemanden gibt, der sich für das Thema Gendergerechtigkeit einsetzt. Zudem hatten sich Kolleginnen aus verschiedenen NGOs in den sozialen Medien dafür ausgesprochen, dass ich kandidieren solle.

Gleichzeitig gründeten eine Reihe von feministischen Organisationen einen Telegram-Chat, in dem sie sich über die von ihnen nominierten Kandidatinnen verständigten. Außer mir waren dies Swetlana Gatalskaja von der Initiative »Vorwärts, meine Liebe«, die sich für das Gesetz zur Vorbeugung von häuslicher Gewalt einsetzt, und Julia Mizkewitsch von der Organisation ABF, die sich in der Jugendbildung engagiert und nach schwedischem Vorbild in mehreren Städten Lernkreise eröffnet hat. Mit beiden arbeitete ich bereits seit einem Jahr im Rahmen des Projekts »Cross-Value-Antiplattform« (antiplatforma.by) zusammen. Weitere Organisationen hatten sich angeschlossen, um die uns verbindenden Werte Diskriminierungsfreiheit, Gendergerechtigkeit, ökologisches Bewusstsein und kritisches Denken zu befördern.[41]

Nominiert wurde auch Ljudmila Petina, die als Mitglied der belarussischen Christdemokraten parteipolitische Erfahrung gesammelt hatte. Einige Wochen später wurde nach mir auch Swetlana Gatalskaja in den Koordinierungsrat gewählt und die FemGruppe selbst um einige Frauen erweitert.

Nach dem Kidnapping von Maria Kolesnikowa und der Verhaftung der anderen Frauen hatte die FemGruppe am 8. September ihre erste öffentliche Erklärung verabschiedet. Am 16. September startete ein eigener Telegram-Kanal. Unsere Aufgabe sahen wir darin, zum einen die protestierenden, oft Repressionen ausgesetzten Frauen mit wichtigen Informationen zu versorgen. Zum anderen wollten wir die Repräsentation von Frauen in den entstehenden politischen Strukturen eines demokratischen Belarus vorbereiten. Die politischen Aktivitäten der Frauen sowie ihre Sichtbarkeit, die sie zum Symbol der Revolution hatte werden lassen, beunruhigte die Machthaber.

Zweifellos gibt es weitere Gründe, warum das Regime begann, aktive Frauen zu verfolgen. Persönliche Rache spielte sicher eine Rolle. Lukaschenko rächte sich an jenen, die er, der Vater und Ehemann der Nation, als sein Eigentum betrachtete. Dies gilt vor allem für die Festnahme und erniedrigende Behandlung der Basketballspielerin Elena Lewtschenko, die gemeinsam mit vielen anderen Sportlerinnen und Sportlern ein Ende der Repressionen gefordert hatte. Den Sport sieht Lukaschenko nicht nur als wichtige Ressource für das Land, sondern auch für seine männliche Identität.

Rache übte er auch an Olga Chischinkowa, der Miss Belarus 2008. Sie wurde zu mehreren Arreststrafen von insgesamt 42 Tagen verurteilt. Wie kaum eine andere steht sie für Lukaschenkos persönlichen Machtmissbrauch: Wenn es einem Mann gelingt, die Frau, die ihn verlassen wollte, mit Gewalt zurückzuholen, dann wird sie zur Bestrafung für ihren Ausbruchsversuch weiterer Gewalt ausgesetzt.

Schwesterlichkeit im Gefängnis

Am 4. Oktober wurde ich das erste Mal verhaftet.

Vor dem Sonntagsmarsch hatte ich versucht, E-Mails zu schreiben, und bemerkt, dass ich starke Kopfschmerzen hatte. Nicht nur fühlte ich mich viel unsicherer als noch zu Beginn der Proteste. Hinzu kam, dass sich aufgrund der vielen neuen Projekte, an denen ich nun teilnahm, die Kommunikation intensiviert hatte. Überall galt es zu helfen, Kontakte aufrechtzuerhalten, einzuspringen. Je mehr ich tat, desto unübersichtlicher wurde die Lage. Es war daher eine schwere Entscheidung, ob ich an dem Marsch teilnehmen sollte. In den vergangenen Wochen waren manche Leute bereits auf dem Weg zum Sammelpunkt verhaftet worden. Seit dem sechsten Sonntagsmarsch trafen wir uns deshalb nicht mehr vorab in kleineren Gruppen. Stattdessen entstanden in der Nähe des Sammelpunkts kleinere Züge, die zu dem vereinbarten Platz strömten. Aus diesen zogen die Einsatzkräfte häufig einzelne Menschen heraus. Auch der Weg nach Hause war immer gefährlicher geworden. Hier wurden die meisten Leute verhaftet.

Nachdem ich einen Tag später wieder freigekommen war, wollte ich meine Erfahrungen veröffentlichen, um den anderen die Angst zu nehmen.

Ich habe die Kleinbusse der »Stillen« von innen gesehen, wie sie arbeiten.[42] *Sie führten meinen Mann Sascha und mich zu ihrem Wagen, wir mussten einsteigen, der Wagen fuhr los, dann hielt er wieder an. Einer von ihnen rief: »An die Arbeit«, und sie sprangen aus dem Bus, um weitere Menschen einzufangen.*

Ich habe gesehen, wie es auf den Polizeirevieren zugeht, beim Verhör und bei Erstellen des Protokolls. Etwa dreißig Leute waren auf die Wache gebracht worden. Dort herrschte Chaos, die Männer schrien sich vor meinen Augen an.

Ich habe die Gefangenentransporter von innen gesehen. Dort sind sie sehr grob mit uns umgegangen. Auf dem Boden lag eine weiß-rot-weiße Flagge, die Männer wurden angeschrien, einige geschlagen.

Haftanstalt in Schodino, wo ich eine Nacht und einen halben Tag verbrachte. Wir kamen gegen 1 Uhr nachts an, nachdem wir zuvor stundenlang auf der Polizeiwache geschmort hatten. Im Schodino behandelten sie uns wie gefährliche Schwerverbrecher. »Hände über den Kopf«, »an die Wand«, »vorwärts, keinen Abstand lassen«. Alle Befehle gebrüllt und mit Fäkalsprache angereichert. Auch dort waren alle maskiert. Sofort kam mir der Gedanke: Wer hat hier eigentlich vor wem Angst? Es war fast wie im Kino, ich hatte das Gefühl, mich in einer anderen Realität zu befinden, in einer sehr begrenzten Welt. Ich wollte dagegen rebellieren, doch ich wusste, sie würden mir eins überbraten; besser, sich die Antwort für später aufzusparen.

Natürlich hat es geholfen, dass so viele andere in den Wochen zuvor diese Erfahrungen bereits gemacht und beschrieben haben. Mein Kapuzenpulli hat die Feuertaufe bestanden, in ihm kann man sogar auf dem Boden schlafen, so hat es mir nichts ausgemacht, dass wir keine Bettwäsche bekommen haben. Die Zustände in Schodino sind insgesamt erträglich. Die Toilette befindet sich zum Beispiel hinter einer Halbwand. Wobei die Wärter dich vielleicht sogar durch einen Schlitz auch dort beobachten.

Fazit: Wenn man nur 15 Stunden in Haft ist und einem das Zeitgefühl vollständig abhandenkommt (Uhren sind nicht erlaubt), dann kann das eine Gelegenheit sein, um endlich einmal Atem zu holen. Ich habe mir gesagt: Wozu mich vor der Verhandlung verrückt machen, bleib ruhig. Das hat funktioniert. Wenn man länger als einen Tag im Gefängnis ist, wird es wahrscheinlich schwieriger, aber ich denke, auch das würde ich aushalten.

Erstaunlich: Auf der Polizeiwache hörten meine Kopfschmerzen auf. Einen Monat lang war ich jeden Morgen aufgestanden und hatte sofort tausende Dinge zu erledigen, um zur Entstehung unseres neuen Belarus beizutragen. So hatte ich den Eindruck, mit keiner einzigen Sache voranzukommen. Dazu die ständige Sorge um all die Verhafteten und Geschlagenen, und natürlich um die Zukunft.

Es ist unmöglich, dass wir das nicht schaffen. So viele wunderbare und unterschiedliche Menschen. Ich muss weinen bei dem Gedanken, wie sehr wir alle diesen Umbruch herbeisehnen, wie solidarisch wir sind, wie selbstlos. Niemals habe ich mein Land so geliebt wie jetzt. Und das ist wechselseitig, mit Ausnahme einer kleinen Gruppe, denen ihre Sturmhauben schon am Gesicht angewachsen sind.

Die Gefängniserfahrungen von Frauen sind ein weiteres Kapitel in der Geschichte der belarussischen Revolution. Viele wurden einander in den Gemeinschaftszellen zu Schwestern. Sie teilten Gefühle, Wissen, Fähigkeiten – und alles, was sie besaßen: Bücher, Essen, Hygieneartikel und Wäsche. Ich hielt im Gefängnis Vorlesungen zu den Themen Menschenwürde, Praktiken der Unterdrückung und Befreiungsstrategien, Solidarität und Empathie. Von Sokrates bis Foucault ist das Gefängnis auch ein Topos der Philosophie. Eine der Frauen in meiner Zelle veranstaltete Workouts für die gesamte Gruppe. Wir malten, sangen und nahmen an Julia Mizkewitschs Seminaren über weibliche Erfahrungen und Feminismus teil. Und wenn es notwendig war, dann machten wir uns einfach Mut oder beruhigten einander.

Am 9. Oktober wurde ich erneut festgenommen. Am 28. Oktober publizierte ich meinen Bericht auf Facebook.

Endlich habe ich ein paar Minuten, um aufzuschreiben, was ich im Gefängnis erlebt habe. Ich will erzählen, warum ich im Gefängnis fast nie den Mut verloren habe, normal schlafen konnte, fünf Vorlesungen hielt, konzentriert war und einen ausgeruhten Kopf hatte, als ich freikam.

Schwer war es vor allem in den ersten drei Tagen. Das wusste ich von anderen. In den Tagen vor der Gerichtsver-

handlung. Als ich zum Verhör gebracht wurde und dort sechs Stunden in einem winzigen Kabuff eingesperrt wurde, bevor die Vernehmung begann und die Männer von der Staatssicherheit mich nach dem Koordinierungsrat und der FemGruppe fragten. Ich schloss die Augen, und nach fünf Minuten merkte ich, dass ich mich daran gewöhnt habe, dass ich in diesem Verschlag Luft bekomme und mich bewegen kann. Dann in der Okrestin-Straße, wo ich nach einer ruhigen Nacht auf einer Matratze mit Bettwäsche mit Ewgenia Dolgaja in eine Zelle verlegt wurde. Dort hatten wir nur eine Bettdecke für uns beide, keine Matratze und anderen »Komfort«: Auf das Bettgestell legten wir Zeitungen, die unsere Vorgänger:innen zurückgelassen hatten, obendrauf die Bettwäsche. Als Kopfkissen haben wir Plastikflaschen mit warmem Wasser genommen und sind Arm in Arm unter der einen Decke eingeschlafen. Nach dieser Nacht haben sie uns erneut zum Verhör gebracht. Mich nahm sich einer vor, der sich als Staatsanwalt Dmitri Dementjew vorstellte, Typ teure Uhr und gefeilte Fingernägel. Er drohte mir mit einem Strafverfahren und ich erzählte ihm von Phänomenologie, Gendergerechtigkeit und von den Städten, die ich mag. Um solche Sachen drehte sich tatsächlich das Gespräch. In diesen Tagen kämpfte ich gegen eine hartnäckige und sehr unangenehme Angst. In der Okrestin-Straße ist es unmöglich, nicht zu weinen, sei es physisch oder metaphysisch (ich habe physisch geweint), denn dort übermannt dich das Mitleid, nicht nur mit dir selbst, sondern mit allen, die dort gequält und gefoltert wurden.

Was habe ich dagegen getan? Ich habe meditiert. Damit

habe ich Erfahrung. Das funktioniert in sehr schwierigen Situationen. Ich lege mich hin, entspanne mich und warte auf Antworten. Im Gefängnis drängte sich mir ein Bild auf, und es kamen Sätze: das Licht am Ende des Tunnels; dass ich das Unausweichliche akzeptieren muss; dass diese Sache hier mein Leben nicht zerstören kann. Das Licht am Ende des Tunnels hatte ich schon im Verlauf der Revolution gesehen. Jetzt verstand ich, dass ich selbst dieses Licht sein könnte. Ich komme mit dieser Situation zurecht.

Die Sorge, dass es meine Kräfte übersteigen könnte, blieb gleichwohl. So meditierte ich wieder. Auf meine Frage, woher die Kraft nehmen, erhielt ich die Antwort: Die Menschen um dich herum geben sie dir. Dies verlieh mir Flügel. Erst war Zhenja Dolgaja mein Schutzengel, später habe ich zwanzig weitere wunderbare Frauen getroffen, mit denen ich die Kraft der Schwesterlichkeit teilen konnte.

Zum Schluss noch eine Geschichte: An einem Tag gingen fünf junge Frauen, die erst kurz zuvor in die Zelle gebracht worden waren, im Kreis durch den Raum, um sich zu bewegen. Doch das frustrierte sie, weil sich Gefängnisroutine einstellte. Ich sagte ihnen: Das ist ein Reigen, der Tanz von Matisse. Und das Gitter vor dem Fenster: Genau wie bei Rosalinde Krauss in ihrem Text zum Übergang von der Kunst der Moderne zur Gegenwartskunst. Und in Minsk gibt es in der Oktoberstraße eine höchst moderne Version dieses Gitters von Sergej Kurjuschenko. Hihi. Das hat alle aufgeheitert.

Das Verrinnen der Stunden ohne Uhr und Smartphone brachte meine Gedanken auf Foucault. Wenn es eine Mikrophysik der Macht gibt, müsste es dann nicht auch eine

Mikrophysik der Zeit geben? Wenn ja, dann kann man auch hier im Gefängnis die Staatsmacht überlisten. Man muss die Zeit mit seiner inneren Welt ausfüllen, mit Erinnerungen und natürlich mit Gesprächen, dem Austausch von Erfahrungen. Mit Tanja sprach ich über unser geliebtes New York, mit Arina über moderne belarussische Kunst, mit Nastja über ihre Abenteuer in Litauen. Aber wir teilten nicht nur Gedanken, sondern buchstäblich alles, bis hin zur Unterwäsche. Denn dies ist es, was Schwesterlichkeit ausmacht.

Während der zwei Wochen im Gefängnis kam ich mit mehr als zwanzig Frauen zusammen. Die jüngste war 18, die älteste 63. Sie hatten die unterschiedlichsten Ausbildungen und Berufe. Keine einzige bereute, sich den Protesten angeschlossen zu haben. Die meisten zeigten sich entschlossen, den Kampf fortzuführen. Doch nur wenige dieser Frauen verstanden sich als Feministin. Manche waren nicht bereit, sich mit dem stereotypen Frauenbild in Belarus auseinanderzusetzen. Fast alle aber unterstützten die Aussage des Vereinigten Teams, dass die gesamte Gesellschaft aufbrechen müsse, dass alle verantwortlich für den Wandel sind, Frauen wie Männer.

Frauen sind traditionell dafür zuständig, Empathie zu zeigen und für andere Menschen zu sorgen. Solange sie im Gefängnis waren, oblagen diese Aufgaben den Männern, unseren Partnern und Freunden. Hoffentlich wird auch diese Erfahrung die Gendergerechtigkeit befördern, ohne die die demokratische Transformation kaum möglich sein wird, nach der sich unsere Gesellschaft so sehr sehnt.

Warum die belarussischen Frauen auf die Straße gegangen sind

Es ist keineswegs selbstverständlich, dass Swetlana Tichanowskaja, Veronika Zepkalo und Maria Kolesnikowa aus den Kulissen kamen, als Sergej Tichanowski verhaftet und Valeri Zepkalo die Registrierung verweigert wurde und Viktor Babariko hinter Gittern gelandet war. Dass sie erst in einem kritischen Moment die politische Bühne betraten, zeigt vielmehr, wie sehr Frauen in Belarus dieser Weg versperrt ist. Man erinnere sich an den Wahlkampf von Tatjana Korotkewitsch, die im Jahr 2015 gegen Lukaschenko angetreten war: Sie war permanent sexistischen Angriffen ausgesetzt, und zwar nicht nur von Seiten des Regimes, sondern auch aus den Reihen der Regimegegner.

Mit anderen Worten: Dass die Frauen in Belarus so schnell auf die neue politische Situation reagierten, dass sie, nicht *an Stelle* der Männer agierten, sondern *gemeinsam* mit ihnen, offenbart zum einen das enorme politische Potenzial, das in den Frauen steckt, zum anderen, wie hoch die Hürden waren, die sie überwinden mussten, wenn sie es nutzen wollten. Mit der Verhaftung der Männer änderten sich die Rahmenbedingungen. Entscheidend aber ist, dass die Frauen längst, auch wenn ihnen das gar nicht bewusst gewesen sein mag, zu Staatsbürgerinnen mit einer eigenständigen politischen Position herangewachsen waren. Hinzu kam, dass Solidarisierung und Teamarbeit aufgrund der sozialen Rolle, die sie zuvor eingenommen hatten, für sie zum Habitus gehörte. Besonders augenfällig ist dies im Fall von Maria Kolesnikowa, die bereits im Jahr 2017 am Beispiel des Orchesters erklärt hatte, wie viel von jeder und jedem Einzelnen von uns abhängt, und wie wichtig es ist, dass auch die Frauen ihren Beitrag zu den sozialen Veränderungen in Belarus leisten.

Noch den ganzen August hindurch waren alle davon ausgegangen, dass das Regime vor Gewalt gegen Frauen zurückschrecken würde, weil es sich dann endgültig in Verruf gebracht hätte. Doch als mit den Frauenmärschen ein neues weibliches kollektives Subjekt die Bühne betrat, änderte sich die Situation. Immer mehr Frauen wurden festgenommen und waren physischer Gewalt ausgesetzt.

Die im Verlaufe des Augusts wachsende Brutalisierung im Umgang mit den Frauen hat viel mit Lukaschenkos patriarchalischen Vorstellungen zu tun, die auch den von ihm geschaffenen Bürokratie- und Polizeiapparat prägen. Lukaschenko ertrug es nicht, dass ihm mit Swetlana Tichanowskaja eine Konkurrentin erwachsen war. Er vertrieb sie aus dem Land. Das Gleiche gilt für Maria Kolesnikowa, die eine Rolle gewählt hat, die jener des männlichen politischen Subjekts ebenbürtig, wenn nicht gar überlegen ist – überlegen, weil Maria sich nicht zur Anführerin der Protestbewegung aufschwang, sondern konsequent aus der Perspektive der horizontal verbundenen

Gesellschaft sprach. Mit ihrer Verhaftung hat Lukaschenko die belarussische Gesellschaft als solche ins Gefängnis geworfen. Ihre Inhaftierung ist das Symbol für den Umgang des Regimes mit unserer Gesellschaft.

Einem Vorwurf in Zusammenhang mit der Selbstdarstellung der belarussischen Frauen möchte ich widersprechen. Wie erwähnt, wurden die Frauen in weißen Kleidern und mit Blumen in den Händen oft als Verkörperung des traditionellen Rollenbilds gesehen, in dem die Frau als schwach und als Opfer erscheint – zwei durchweg negativ konnotierte Zuschreibungen. Judith Butler hat darauf hingewiesen, dass Verletzlichkeit und Aktivität miteinander verbunden sind, dass Aktivität sogar eine Form der Verletzlichkeit ist. Diese Sicht gründet darin, dass sie den menschlichen Körper und ganz allgemein die verkörperte Existenz als »gewissermaßen in seiner Abhängigkeit von der Infrastruktur« denkt, »wobei unter Infrastruktur das komplexe Geflecht aus Umwelt, Sozialbeziehungen, Unterstützungs- und Versorgungsnetzwerken zu verstehen ist, das sich über die Grenzen des Menschlichen, des Tierischen und des Technischen hinweg erstreckt«.[43] Ist jemand schwach, so ist er besonders verletzlich. Doch daraus folgt nicht, dass jemand, der in eine Lage gerät, in der er besonders verletzlich ist, etwa im Gefängnis, zwangsläufig den Widerstand aufgibt. Vielmehr kann die Konfrontation mit Gewalt die Bedingungen offenlegen, unter denen die Verletzlichkeit entsteht, und so einen Anstoß zu konkreten Handlungen geben, mit denen jene Bedingungen überwunden werden sollen.

Die Frauen, die am 12. August auf dem Komarowski-

Markt eine Solidaritätskette bildeten, haben genau dies getan: Sie verwandelten ihre Verletzlichkeit in gemeinsame Aktion und schufen die Voraussetzungen für den Widerstand gegen die Gewalt. Dies gilt nicht nur für die Frauen, sondern für die gesamte Gesellschaft. Die »sanfte Macht«, das Movens unserer Revolution, ist zum einen Ausdruck des Zustands der belarussischen Gesellschaft, die Lukaschenko in den 26 Jahren seiner Herrschaft mit aller Macht zu atomisieren versucht hat. Dieser Gesellschaft fehlte nach all den Jahren das Vertrauen in die eigenen Kräfte, so dass von ihr kaum gezielte und koordinierte Aktionen zu erwarten waren. Zum anderen war die »sanfte Macht« Ausdruck eines Strebens nach einer neuen sozialen Verbundenheit, Zeichen einer Suche nach und der Etablierung, der Erfindung von sozialen Bindungen, wie sie etwa zwischen den Wahlbeobachterinnen und Wahlbeobachtern oder unter Nachbarinnen und Nachbarn auf den Hoffesten der großen Wohnblocks entstanden sind.

Was muss geschehen, damit aus dieser »sanften Macht« auch eine Verhandlungsmacht erwächst, die es ermöglicht, echten Druck auf das Regime auszuüben?

Strategien der Emanzipation und des Empowerments

Verletzlichkeit, die nicht im Widerspruch zu politischer Aktivität steht, erleben auch Männer. Auch sie können aus ihr heraus Opferbereitschaft, Empathie und Solidarität entwickeln. Dann verlieren diese Begriffe ihre weibliche Konnotation und werden zur produktiven Grundlage für die Neukonzipierung und Neugestaltung der gesamten Gesellschaft. Damit dies geschieht, müssen sich Männer zweifellos an all jenen Tätigkeiten beteiligen, die mit der Sorge für andere Menschen verbunden sind: an der Kindererziehung, an der Betreuung von Verwandten, an allen häuslichen Dingen. Gegenwärtig ist es darum in Belarus schlecht bestellt. Die Last dieser Care-Arbeit, nicht zuletzt auch die Sorge für die Opfer der Repressionen der vergangenen Monate, ruht fast vollständig auf den Schultern der Frauen. Da die Frauen zudem viel Zeit mit ehrenamtlichen Tätigkeiten verbringen, die sie in Zusammenhang mit der Revolution übernommen haben, wächst nicht nur die physische und psychische Belastung. Auch ihre soziale Absicherung wird immer prekärer. Eine Untersuchung der FemGruppe des Koordinierungsrats hat gezeigt, dass bei sehr vielen Frauen das freiwillige Engagement zu Lasten ihrer Erwerbstätigkeit geht. Auch dies ist ein Zug der »Revolution mit weiblichem Gesicht«.

Nur radikale soziale Veränderungen werden dazu führen, dass Frauen ihre mit hohen Belastungen einhergehende Rolle dauerhaft erfüllen können, ohne dass ihre Verletzlichkeit wächst. Das Bewusstsein dafür fehlt bisher in der Gesellschaft, bei Männern wie Frauen.

Frauen aus aller Welt haben seit Beginn des 21. Jahrhunderts neue Aufgaben und Strategien der Emanzipation verkündet. Das wichtigste Ereignis in dieser Hinsicht war sicherlich die #MeToo-Bewegung, die mit neuer Macht das weit verbreitete *sexual harassment* zu Bewusstsein gebracht hat. Dennoch verfügen bei weitem nicht alle Frauen über die symbolischen und materiellen Möglichkeiten, sich diesem Aufbruch anzuschließen. Dies hat vor allem damit zu tun, dass auch in modernen Gesellschaften viele eingeübte soziale Praktiken und kulturelle Vorstellungen auf der Ungleichheit zwischen Frauen und Männern beruhen und eine stereotype Haltung zur Emanzipation der Frau und zum Feminismus befördern. Eine im Jahr 2010 an der Universität Bielefeld von Andreas Zick, Beata Küpper und Andreas Hövermann durchgeführte Untersuchung zu gruppenbezogenem Hass in acht EU-Ländern hat ergeben, dass in Deutschland 52,7 Prozent der Menschen sexistische Einstellungen pflegen und etwa der Ansicht sind, Frauen müssten ihre Rolle als Ehefrau und Mutter ernster nehmen. In Ungarn sind es sogar 88,4 Prozent.[44] Weltweit werden 76 Prozent der unentgeltlich verrichteten Arbeiten im Bereich der Pflege von Kindern und Angehörigen von Frauen geleistet. Obwohl der Beitrag der Männer in einigen Ländern in den vergangenen zwanzig Jahren zugenommen hat, ist dieser *gender gap* der ungleich verteilten Zeit zwischen 1997 und 2012 nur um sieben Minuten geringer geworden (in 23 untersuchten Ländern). Setzt sich dies so fort, wird es weitere 210 Jahre dauern, bis diese Kluft im Jahr 2228 geschlossen sein wird.[45]

Dies zeigt zum einen, wie wichtig Strategien des *empowerment* sind und welche Bedeutung es hat, dass Frauen zu politischen Subjekten werden (*gender mainstreaming*); zum anderen, dass die weibliche Solidarität nicht nur für die belarussische Revolution von Bedeutung ist.

Doch wie sieht es in Belarus mit diesen Strategien und

Formen der individuellen und kollektiven Subjektwerdung jenseits der öffentlichen Protesträume aus? Etwa in den für das neue Belarus geschaffenen protopolitischen Strukturen des Koordinierungsrats (in dem etwa 4000 Menschen im Land aktiv sind), des Büros von Swetlana Tichanowskaja in Vilnius und im Nationalen Krisenbewältigungszentrum in Warschau? Ist nicht die Beteiligung verantwortungsvoller und solidarischer Frauen in diesen Institutionen eine Gewähr dafür, dass wir nicht in den Autoritarismus zurückfallen werden? Gerade die dort tätigen Frauen verkörpern das horizontale und solidarische Arbeiten, indem sie die gemeinsame Sache über ihre persönlichen Ambitionen stellen.

Dies betrifft nicht nur die Entwürfe für ein zukünftiges demokratisches Belarus, bei denen es gegenwärtig um Themen wie Verfassungsreform, Privatisierung der Staatsunternehmen und Stärkung marktwirtschaftlicher Elemente geht, jedoch kaum um das Gesundheitswesen, das Rentensystem, die Genderpolitik und die Stärkung vulnerabler sozialer Gruppen. In der Arbeitsgruppe des Teams von Swetlana Tichanowskaja, die sich u. a. mit Plänen für eine Reform des Bildungswesens beschäftigt, versuchen wir diese Lücke zu füllen, indem wir uns mit Fragen wie Gendergerechtigkeit in der Bildung beschäftigen und die Bedeutung deliberativer Praktiken betonen, also der Aufrechterhaltung von Möglichkeiten zur Beteiligung der Bürger an der Ausarbeitung von Reformplänen. Es betrifft auch die von Revolution und Protest geprägte Gegenwart. Denn die Gesellschaft – und dies sage ich auf der Basis von Gesprächen, die Swetlana Tichanowskaja mit Lehrern, Arbeitern und anderen sozialen Gruppen geführt hat – will bereits heute die Gestalt jenes neuen Belarus sehen, für das es sich lohnt, den Kampf fortzusetzen. Die entstandenen Protoinstitutionen, die Szenarien und Mechanismen einer demokratischen Transformation entwickeln, sind Teil dieses neuen Staates.

Frauen mit ihrem spezifischen Sozialkapital können die Interessen der verschiedenen verletzlichen Gruppen oft besser vertreten und dürften die herkömmlichen, männerdominierten Parteien wesentlich bereichern und verändern. Dies macht Hoffnung auf eine Erneuerung der Demokratie, im Sinne jener sozialen Emanzipation, die keineswegs nur in Belarus auf der Tagesordnung steht.

II
Die belarussische Gesellschaft im Prozess der Revolution

Das Ende der Zufriedenheit

Ein ikonisches Foto von den friedlichen Protestzügen in Belarus zeigt Menschen, die auf eine Parkbank gestiegen sind, um besser gesehen zu werden. Sie haben ihre Schuhe ausgezogen, um die Bank nicht schmutzig zu machen. Journalisten haben wiederholt berichtet, und ich habe es mit eigenen Augen gesehen, dass es bei den Märschen, zu denen mehr als 100 000 Menschen gekommen waren, keinen einzigen Akt von Vandalismus gab. Die Menschen versuchten, Rasenflächen nicht zu betreten, um sie nicht zu zertrampeln, und nahmen sämtlichen Müll mit nach Hause. Wer am Ende eines Zuges lief, hob die Abfälle auf und füllte sie in Säcke. Solche Freiwilligenarbeit findet bis heute in allen nur erdenklichen Formen statt: Menschen halten vor Gefängnissen Wache, Opfer der Gewalt erhalten juristische, psychologische und materielle Hilfe. Seit einiger Zeit stehen Menschen am Eingang vieler Wohnblocks bereit, um Teilnehmerinnen und Teilnehmern von Protestaktionen im Notfall die Tür zu öffnen, damit sie sich vor den Einsatzkräften in Sicherheit bringen können.

Immer wieder sind Beobachter erstaunt, wie friedlich die Proteste verlaufen. Sie finden dezentral, an vielen verschiedenen Orten statt, und Menschen aller Altersstufen sowie aus den unterschiedlichsten Berufsfeldern stehen hinter ihnen. Dieses Phänomen lässt sich nicht mit den Strategien der wechselnden Anführerinnen und Anführer dieser Revolution erklären. Vielmehr muss sich der Blick auf die belarussische Gesellschaft selbst richten.

Dass die Proteste so friedlich verlaufen, zeugt von der Verfassung dieser Gesellschaft, von den Bedürfnissen und den Interessen all jener sozialen Gruppen, die diese *revolution-in-progress* vorantreiben.

In seinen Überlegungen zum gewaltfreien Widerstand hat Gene Sharp schon in den 1970er Jahren festgehalten, dass Gewalt keineswegs das einzige Mittel ist, um Krisen zu überwinden: »In der gesamten Geschichte haben Menschen überall auf der Welt unter den verschiedensten Herrschaftsformen Konflikte ausgetragen und Macht ausgeübt, ohne dabei auf Gewalt zu setzen, die nur tötet und zerstört.«[1] Viel zu selten werde das Augenmerk auf diese gewaltfreien Formen der Politik gerichtet.

Vierzig Jahre später stellte Judith Butler mit Blick auf die friedlichen Proteste auf dem Tahrir-Platz in Kairo, auf der Puerta del Sol in Madrid, im Gezi-Park in Istanbul sowie auf die Occupy-Bewegung in New York fest, dass gewaltfreier Widerstand einen Körper braucht, »der erscheint, der handelt und der mit seinem Handeln eine Welt begründen will, die anders ist als die, der er begegnet, und das bedeutet, der Gewalt zu begegnen, ohne deren Bedingungen zu reproduzieren«.[2]

Butler spricht hier nicht nur von der Vergangenheit und der Gegenwart, sondern auch von der Zukunft. Gewaltfreier Widerstand »sagt nicht einfach Nein zu einer Welt der Gewalt, sondern gestaltet das Selbst und seine Beziehung zur Welt neu, indem er sich, und wenn auch nur versuchsweise, bemüht, die Alternative zu verkörpern, für die er kämpft«.[3]

Die Gewalt der Staatsorgane in den Tagen nach der Wahl am 9. August war zwar Auslöser für das Erwachen der belarussischen Gesellschaft. Doch die Wurzeln dieses Aufbruchs liegen tiefer.

Der vertikale Gesellschaftsvertrag und seine Grenzen

In den letzten zehn Jahren hat in Belarus eine junge, gut ausgebildete Schicht von Menschen wichtige Posten in der IT-Branche, in der Kreativwirtschaft und in zahllosen NGOs übernommen. Sie haben oft jahrelang im Ausland gelebt, sprechen Fremdsprachen und sind international bestens vernetzt. Sie haben eine Vorstellung von einem selbstbestimmten Leben und kennen ihre Rechte. Sie sind anspruchsvoll gegenüber sich selbst und erwarten das auch von anderen. Kein Wunder, dass sie dem unbeweglichen, rückwärtsgewandten autokratischen System zutiefst entfremdet sind.

Doch nicht nur das Auseinanderdriften von Gesellschaft und Regime, sondern auch die seit Mitte der 2000er Jahre zu beobachtende Erosion des angeblich so starken Sozialstaats in Belarus, den Lukaschenko immer wieder pries, gehört zur Vorgeschichte der *revolution-in-progress*. Dies zeigte sich besonders deutlich während der Corona-Pandemie.

Seit seiner Wahl zum Staatspräsidenten in der einzigen freien Wahl, die das seit 1991 unabhängige Belarus im Jahr 1994 erlebte, hat Lukaschenko über 26 Jahre hinweg immer wieder von einem besonderen belarussischen Weg gesprochen. Belarus habe mit einem starken Sozialstaat das Beste aus der untergegangenen Sowjetunion bewahrt. Dieses Argument diente als Rechtfertigung für einen autoritären Paternalismus.

Um diesen zu etablieren, schuf Lukaschenko eine »Machtvertikale«. Alle Bereiche des Staates wurden einem einzigen Zentrum unterstellt – die gesetzgebenden Körperschaften aller Ebenen ebenso wie die Justiz in allen ihren Instanzen, die Kindergärten ebenso wie die Armee. Gleichzeitig unterdrückte Lukaschenko das Aufkommen jeglicher Opposition. Er verhängte ein umfassendes Versammlungsverbot, untersagte es seinen Gegnern, Parteien zu registrieren, und verweigerte ihnen die Teilnahme an Parlaments- und Präsidentschaftswahlen. Gesellschaftliche Organisationen und nichtstaatliche Medien wurden einer scharfen Kontrolle unterworfen und oft unter Druck gesetzt. Vielen Medien verweigerte der Staat die Registrierung. Beamten wurde per Gesetz verboten, sich in privaten Medien zu äußern. Wer versuchte, legal Stipendien oder eine andere finanzielle Unterstützung aus dem Ausland zu erhalten, sah sich mit immer höheren Hürden konfrontiert.[4]

Den Weg zur Errichtung dieses autoritären Staats hatte eine Verfassungsänderung im Jahr 1996 geebnet, die Lukaschenko per Referendum gegen den Widerstand des damals noch unabhängigen Parlaments durchsetzte. Die neue Verfassung verlieh dem Präsidenten eine herausgehobene Stellung über allen staatlichen Organen. Sie ermächtigt ihn etwa, das in seinen Kompetenzen ohnehin beschnittene Parlament aufzulösen. Er bestellt die Regierung, ernennt fast alle höheren Richter und regiert das Land per Dekret.[5]

In den Jahren der Errichtung des autoritären Systems hatte es noch Widerstand gegeben. Diesen schlug Lukaschenko mit Repressionen nieder. Im Jahr 1999 verschwanden mehrere seiner Opponenten spurlos: Viktor Gontschar, der zur Zeit des Referendums 1996 die Zentrale Wahlkommission geleitet hatte; der mit Gontschar befreundete Geschäftsmann Anatoli Krasowski; der Innenminister der Jahre 1994-1996, Juri Sacharenko. Im Jahr 2000 verschwand Dmitri Zawadski, ein Kameramann, der für das belarussische Staatsfernsehen und seit 1997 für einen russischen Sender in Minsk gearbeitet hatte.

Auch das Versammlungsrecht wurde verschärft. Seit 1997 müssen öffentliche Kundgebungen nicht mehr nur angemeldet, sondern genehmigt werden. Das Gesetz sieht eine große Zahl von Gründen vor, die es dem Staat ermöglichen, die Genehmigung zu verweigern. Genau dies haben die Behörden sehr oft getan. Zudem kamen immer neue Regelungen hinzu. Im Jahr 2011 wurde schließlich sogar das »Nichtstun« im öffentlichen Raum genehmigungspflichtig.[6]

Dennoch fanden in all den Jahren der Herrschaft Lukaschenkos immer wieder Demonstrationen gegen sein Regime statt. Niemals aber erreichten sie das Ausmaß der Proteste des Jahres 2020. Lukaschenko war es immer wieder gelungen, das Aufbegehren zu unterdrücken. Nach jeder Protestwelle verschärfte er den autoritären Zugriff auf die Gesellschaft, um nach einigen Jahren wieder eine gewisse Liberalisierung zuzulassen. Ein erster solcher Zyklus von Öffnung und erneuter Schließung begann Mitte der 2000er Jahre. Auf eine Erweiterung gesellschaftlicher Spielräume folgten nach der Niederschlagung von Protesten gegen Wahlfälschungen im Dezember 2010 erneut Jahre verschärfter Repression.[7] Seit dem Jahr 2015 lockerte das Regime die Zügel erneut. Diese Zyklen haben nicht zuletzt damit zu tun, dass Lukaschenko einen Schaukelkurs zwischen der EU und Russland verfolgt. Stets machte er eine Kehrtwende, wenn die Unterdrückung der Gesellschaft die Beziehungen zur EU so verschlechtert hatte, dass eine einseitige Abhängigkeit von Russland drohte. Oder wenn umgekehrt die Gesellschaft nach einer von der EU unterstützten Liberalisierung seine Herrschaft in Frage zu stellen begann.[8]

Neben den Repressionen war es vor allem ein impliziter Sozialvertrag zwischen dem Staat und der Gesellschaft, der dem Regime eine gewisse Stabilität verschaffte. Die Formel für das belarussische Modell lautete: Die Gesellschaft unterstützt alle Entscheidungen des Regimes, dieses sorgt im Gegenzug für eine gewisse soziale Stabilität.[9]

Dieser Sozialvertrag war wegen der Schwäche der Zivilgesellschaft äußerst asymmetrisch. Im Grunde setzte er jenes Verhältnis zwischen Staat und Gesellschaft fort, das bereits zu sowjetischen Zeiten bestanden hatte. Der belarussische Philosoph Wladimir Furs hat von einem »freiwilligen Zwangssystem« gesprochen: Um sozialstaatliche Leistungen zu erhalten, akzeptiert die Gesellschaft, dass ihr viele politische Rechte genommen werden und dass sie gezwungen wird, sich an dem System zu beteiligen, etwa durch eine verpflichtende Mitgliedschaft in regimetreuen Organisationen, wie es sie an Schulen, Universitäten und in Staatsbetrieben gibt.[10]

In den 2000er Jahren stiegen jedoch die Erwartungen der Gesellschaft, was nicht zuletzt auf die Lohnerhöhungen zurückging, die der Staat selbst angeordnet hatte. Der Staat sah sich daher zu einer wirtschaftlichen Liberalisierung gezwungen, die er Ende 2008 einleitete. Auch begann er, Arbeitsmigration ins Ausland sowie den Wechsel von Staatsbediensteten in den privaten Sektor zu fördern. Dies reichte jedoch nicht aus. Um die Staatsverschuldung nicht noch weiter wachsen zu lassen, musste das Regime die Sozialausgaben kürzen. Dies traf vor allem jene Menschen, die sich kein Standbein in der Privatwirtschaft hatten aufbauen können. In der zweiten Hälfte der 2010er Jahre zeigte sich diese Sparpolitik vor allem in einer Erhöhung der Tarife für Strom, Wasser und Abfallentsorgung, an den steigenden Preisen im öffentlichen Personennahverkehr und höheren Telefon- und Internetgebühren. Hinzu kam, dass die Renten kaum noch an die steigenden Preise angepasst wurden und der Staat das Renteneintrittsalter erhöhte.[11]

Bereits im Jahr 2009 stellten Soziologen des BISS (Belarusian Institute for Strategic Studies) in fast allen Bevölkerungsgruppen eine erhebliche Unzufriedenheit fest. Die Angestellten waren unzufrieden mit den befristeten Verträgen, die in den Jahren 2003-2004 nahezu flächendeckend eingeführt worden waren. Selbst die Lehrer hatten solche Verträge erhalten, die nicht zuletzt dazu dienten, die Angestellten fügsam zu machen. Zudem zeigte sich diese Gruppe unzufrieden mit dem Gesundheitssystem, den Renten, den Stipendien und Zuwendungen und sogar mit dem Bildungssystem als solchem. Staatsbedienstete gaben an, dass die Rekrutierung qualifizierter Angestellter und Beamter nicht funktioniere. Niemand wolle mehr für den Staat arbeiten, da man dort nur noch ein Rädchen in einem bürokratischen System sei. Zudem sei im einfachen und mittleren Dienst die Bezahlung schlecht.

Wirtschaftskreise klagten über permanente staatliche Kontrollen, informelle Zwangsabgaben und grobe Umgangsformen der Behörden. Jugendliche, Arbeitslose, Hausfrauen und Hausmänner, die alle kaum in den impliziten Sozialvertrag integriert sind, klagten, es sei sehr schwer, eine Anstellung zu finden. Nur Rentner, die besonders von dem Sozialvertrag abhängig sind, schenkten der Ideologie vom »blühenden Belarus« Glauben. Obwohl sie angaben, es sei das belarussische Sozialstaatsmodell, das ihnen ein Leben in Würde garantiere, erklärten sie zugleich, sie würden sich im Falle materieller Not nicht auf den Staat verlassen.[12]

Die bloße Unzufriedenheit reichte jedoch für Proteste gegen die Politik des Staates nicht aus. Noch fehlte es an Solidarität innerhalb der einzelnen Gruppen. Erst diese ermöglicht politisches Handeln. Am klarsten stand den Unternehmern vor Augen, wie wichtig es ist, gemeinsam aufzutreten. Dennoch orientierten sie sich weiter überwiegend an ihrem Gewinninteresse. Viele Gruppen hielten sich an das Prinzip: Besser ein Spatz in der Hand als eine Taube auf dem Dach – obwohl sie wussten, dass ihnen nicht einmal der Spatz sicher war. Andere, Staatsbedienstete und Studenten etwa, waren zwar mit vielen der Konditionen des Sozialvertrags nicht zufrieden, konzentrierten sich aber gleichwohl darauf, möglichst viele Vorteile aus der ihnen zugewiesenen Rolle zu ziehen.

Mitte der 2010er Jahre verschlechterte sich die soziale Situation zahlreicher Gruppen der belarussischen Gesellschaft. Zugleich hatte sich die Lage der Mittelschicht seit Mitte der 2000er Jahre kontinuierlich verbessert.[13] Zu dieser Gruppe gehören auch Kultur- und Medienschaffende sowie junge Menschen. Für diese schuf das Regime neue Aufstiegsmöglichkeiten, wofür es im Gegenzug Loyalität und Verzicht auf politisches Engagement auf Seiten der Opposition erwartete.

Dass der Kultur- und Medienbereich sowie der soziale Sektor in den 2000er Jahren stark wuchs, hatte auch damit zu tun, dass das Regime viele Personen mit politischen Ambitionen in diesen Bereich abdrängte. Dies geschah etwa mit dem 2004 abgehaltenen Referendum, das eine immer neue Wiederwahl von Lukaschenko ermöglichte. Ein Übriges taten die politischen Repressionen vor und nach den Präsidentschaftswahlen in den Jahren 2006 und 2010. Jede politische Tätigkeit war versperrt, wer sich engagieren wollte, tat dies im Kulturbereich oder in Wohltätigkeitsprojekten.

Im Jahr 2005 legte Lukaschenko mit der Schaffung einer Sonderwirtschaftszone für Hightech-Unternehmen den Grundstein für die Entstehung einer weiteren Gruppe der Mittelschicht: die Angestellten des IT-Sektors. Die »Park für Hochtechnologie« genannte Gewerbezone in

Minsk wurde von Valeri Zepkalo geleitet, der im Jahr 2020 bei den Präsidentschaftswahlen antreten wollte, bis die Behörden ihm die Registrierung verweigerten. Um die Entwicklung des IT-Sektors zu fördern, befreite Lukaschenko Unternehmen dieser Sparte per Dekret von nahezu allen Steuern, einschließlich der Körperschaftssteuer. Dies führte dazu, dass die Zahl der im belarussischen Silicon Valley registrierten Unternehmen bis Mitte 2020 auf 886 wuchs. Dort arbeiteten 63 000 Menschen.[14] Der Beitrag des Sektors zum Bruttoinlandsprodukt betrug im Jahr 2019 6,5 Prozent, war also bereits nahezu ebenso groß wie der Anteil von Landwirtschaft, Waldwirtschaft und Fischerei mit zusammen 7,2 Prozent. Das Wirtschaftsministerium bestätigte, dass die Entwicklung des IT-Sektors der wichtigste Motor für das Wirtschaftswachstum der vergangenen sieben Jahre gewesen war.[15] Dank der Kooperation von Leuten aus dem IT-Sektor und anderen Zweigen der Wirtschaft mit Vertretern der neuen kulturellen und sozialen Initiativen sind in den 2010er Jahren zahlreiche Crowdfunding-Plattformen entstanden. Eine der erfolgreichsten heißt *Ulej* (Bienenstock) und wurde im Jahr 2015 von Eduard Babariko ins Leben gerufen. Wichtigster Partner für die Abwicklung von Spenden durch Privatpersonen war die *Belgazprombank*, die Eduards Vater Viktor Babariko leitete, dessen Kandidatur bei den Präsidentschaftswahlen 2020 das Regime verhinderte. In den ersten drei Jahren nach Eröffnung der Plattform gingen insgesamt mehr als eine Million belarussische Rubel zur Unterstützung der beteiligten Projekte ein.[16]

Während der IT-Sektor und das Kleinunternehmertum sowie zahlreiche Projekte aus den Bereichen Kultur, Soziales und Bildung sich in den vergangenen zwanzig Jahren sehr gut entwickelten, stagnierte die Volkswirtschaft insgesamt, und die Erosion des Sozialstaats setzte sich fort. Lukaschenko reagierte in typischer Manier: 2017 erließ er ein Dekret über »vorbeugende Maßnahmen zur Verhinderung von sozialer Abhängigkeit«, das im Volk »Schmarotzer-Gesetz« genannt wurde. Es sah vor, dass jeder Bürger, der keiner Erwerbstätigkeit nachgeht und daher keine Steuern zahlt, eine Zwangsabgabe zur Finanzierung des Gesundheitswesens und anderer Bereiche leisten muss. Der Staat verdächtigte mehr als eine halbe Million Menschen, sie würden ihre Einkünfte verbergen, um keine Steuern zahlen zu müssen. Selbst Hausfrauen wären unter das Gesetz gefallen. Im ganzen Land demonstrierten die Menschen im März 2017 mit einem »Marsch der Schmarotzer« gegen das Gesetz.

Besonders angespannt ist die Situation auf dem Arbeitsmarkt in kleineren Städten und Dörfern, so dass dort besonders viele Menschen von dem Gesetz betroffen gewesen wären. Proteste von diesem Ausmaß hatte das Land seit Mitte der 1990er Jahre nicht mehr erlebt. Das Regime löste die Versammlungen brutal auf, mehr als achtzig Menschen wurden festgenommen. Das »Schmarotzer-Gesetz« wurde dennoch auf Eis gelegt. Dass der Staat versucht hatte, ein Gesetz zu verabschieden, das die Verantwortung für Arbeitslosigkeit und prekäre soziale Verhältnisse den Betroffenen selbst zuschiebt, zeigte allerdings eines sehr deutlich: Lukaschenkos Regime war nicht mehr in der Lage, seinen Part im Modell des autoritären Paternalismus zu erfüllen.

Auch die Menschen in der Mittelschicht stießen in den letzten Jahren immer öfter an eine Art gläserne Decke: grundlegende Reformen in den Bereichen Wirtschaft, Kultur und Soziales waren nicht zu erreichen. Das Fass zum Überlaufen brachte jedoch der Umgang des Regimes mit der Corona-Pandemie.

COVID-19 und die Formierung der horizontalen Gesellschaft

Die Sars-CoV-2-Pandemie erreichte Belarus und seine Nachbarländer einige Wochen später als die westeuropäischen Staaten. Statt die Zeit zu nutzen, sprach Lukaschenko von einer Psychose, empfahl die Krankheit mit Wodka zu behandeln oder ihr durch körperliche Arbeit und Sport vorzubeugen. Der Staat führte keinerlei Beschränkungen des öffentlichen Lebens ein, selbst große Sportveranstaltungen und die Feiern zum Tag des Sieges am 9. Mai fanden weiter statt.[17] Das Gesundheitsministerium veröffentlichte keinen wöchentlichen Lagebericht, und den Angaben, die es zur Zahl der Infektions- und Todesfälle machte, schenkten die Menschen in Belarus mit guten Gründen keinen Glauben. Sie konnten mit eigenen Augen sehen, wie die Pandemie das Land erfasste. Ärzte und medizinisches Personal berichteten in den Medien von der Lage und nannten weitaus bedrohlichere Zahlen als die Behörden.[18] Die Krankenhäuser waren überfüllt, es fehlte an allem, selbst Ärzte hatten weder Masken noch Schutzkleidung. Das Regime jedoch leugnete all dies, was die Wut der Menschen ungeheuer befeuerte.

In der zweiten Maiwoche wurden 120 Personen festgenommen, verhört und mit Bußgeldern belegt oder zu einer kurzen Arreststrafe verurteilt. Sie waren in verschiedenen Städten des Landes zu Auftritten von Sergej Tichanowski gekommen, um ihm für seinen Telegram-Kanal »Ein lebenswertes Land« von der wahren Corona-Lage zu erzählen, aber auch von ihren niedrigen Gehältern und Pensionen, dem allgemeinen Verfall in den ländlichen Gegenden, kurzum: davon, wohin Lukaschenko das Land gebracht hatte.[19]

Auch Umfragen zeigten, wie kritisch die Menschen die Entwicklung der wirtschaftlichen Lage beurteilten. 61 Prozent der Befragten erklärten im April 2020, die Lage habe sich verschlechtert. Niemals zuvor in den vergangenen zwanzig Jahren hatten sich Anzeichen einer ökonomischen Krise derart deutlich in Umfragen niedergeschlagen. Noch im Dezember 2019 waren lediglich 38 Prozent dieser Ansicht gewesen.[20] 74 Prozent der Befragten sagten, sie würden ein Verbot von Großveranstaltungen befürworten, 71 Prozent wünschten sich bessere Informationen über die Pandemie.[21] Genderforscherinnen machten darauf aufmerksam, dass Frauen von der Pandemie in besonderer Weise betroffen sind, da es sich bei den Angestellten im Gesundheits- und Pflegebereich zu 85,6 Prozent um Frauen handelt.[22]

Endgültig brachte Lukaschenko das Land jedoch gegen sich auf, als er damit anfing, abschätzig über Menschen zu sprechen, die an COVID-19 gestorben waren. Den landesweit bekannten Schauspieler Viktor Daschkewitsch, der jahrzehntelang dem Ensemble des Jakub-Kolas-Theaters in Witebsk angehörte und am 31. März 2020 im Alter von

75 Jahren starb, nannte Lukaschenko im Staatsfernsehen einen armen Wicht, der »wie alle alten Leute mit einem Strauß von Krankheiten« besser zu Hause geblieben wäre. Einem anderen an COVID-19 Verstorbenen machte Lukaschenko sein Übergewicht zum Vorwurf: »Wie kann man nur 135 Kilo wiegen?« Sogar als die Behörden anerkannten, dass in Belarus Menschen an der Krankheit sterben, leugnete dies der amtierende Präsident immer noch.

Die Gesellschaft musste sich daher selbst helfen. Am 26. März begann die Initiative *ByCovid* Geld für Ärzte und Krankenhäuser zu sammeln. In den ersten 45 Tagen kamen mittels Crowdfunding 250 000 US-Dollar für medizinische Ausrüstung und Schutzkleidung zusammen.[23] Darüber hinaus nähten die Freiwilligen von *ByCovid* Schutzanzüge, kauften Masken und Desinfektionsmittel und halfen bei deren Verteilung.[24]

Entscheidend war nach Worten des Koordinators der Initiative, Andrej Stryzhak, dass mit der Crowdfunding-Plattform *MolaMola*, die von Eduard Babariko und dem Team von *Ulej* geschaffen wurde, bereits die technischen Mittel zum Sammeln von Spenden bereitstanden. Hinzu kam, dass Menschen aus ganz verschiedenen Feldern die Initiative unterstützten: aus dem IT-Sektor, aus der Werbebranche und den Medien, aus der Wirtschaft, aus der Kunst und aus dem Sport.

Der Staat verweigerte die Erfüllung seiner sozialen Aufgaben, und plötzlich fanden sich Menschen aus den verschiedensten Sphären zusammen, um zu helfen. Sechs Wochen später sollten diese neuen Netzwerke die Grundlage für den Wahlkampf jener werden, die gegen Lukaschenko antraten.

Ehrliche Leute – *eine Initiative und ihre Mobilisierungskraft*

Am 12. Mai machte der langjährige Vorstandsvorsitzende der *Belgazprombank* Viktor Babariko auf seiner Facebook-Seite bekannt, dass er diesen Posten aufgeben werde, um für das Amt des Präsidenten von Belarus zu kandidieren. Drei Wochen später rief er die Initiative *Ehrliche Leute* ins Leben, der sich in den sozialen Netzwerken in nur zwei Tagen mehr als 1000 Menschen anschlossen. Ziel der Initiative sei es, so Babariko, dafür zu sorgen, dass »jeder Bürger in Belarus sein Recht auf freie Beteiligung an einer fairen Wahl ausüben kann und wahrheitsgemäße Angaben über die Präsidentschaftswahlen erhält«. Auf der Internetseite des Projekts wurde u. a. erklärt, wie man zum Wahlhelfer werden kann und wie man feststellt, ob es beim Sammeln der dafür notwendigen Unterschriften zu Unregelmäßigkeiten gekommen ist. Weitere Projekte der *Ehrlichen Leute* waren die Initiative »Erste Selbsthilfe«, die Wahlbeobachter gewann, sowie die digitale Wahlbeobachtungsplattform *Golos* (Stimme). Diese war das wichtigste Instrument zur Aufdeckung und Dokumentation von Wahlfälschungen. Nach der Wahl diente die Plattform dazu, die Zahl der Teilnehmer an den Sonntagsmärschen verlässlich zu schätzen und unabhängige Meinungsumfragen durchzuführen.

Entscheidend an dem Projekt *Ehrliche Leute* war, dass es Menschen, die nie etwas mit Politik zu tun gehabt hatten und zu tun haben wollten, ermöglichte, sich zu engagieren. Dies war ein entscheidender Schritt nach vorn. Damit war die Strategie des Wahlboykotts überwunden, die die belarussische Opposition in den zehn Jahren zuvor verfolgt hatte. Das zentrale Argument für den Boykott war stets gewesen, dass die Wahlen ohnehin gefälscht würden. Das Regime besetze die Wahlkommissionen und habe diese vollkommen in der Hand. Wahlbeobachter würden nicht zugelassen und die vorzeitige Stimmabgabe, zu der die Leitungen von Betrieben, Krankenhäusern und Universitäten die Belegschaften zwängen, würden Fälschungen Tür und Tor öffnen.[25] Dies alles war richtig. Internationale Wahlbeobachter haben keine einzige Wahl in Belarus seit 1995 als fair und frei anerkannt. Doch statt diesen Umstand lediglich zu beklagen, schufen die *Ehrlichen Leute* nun eine Möglichkeit, ihn zu ändern.[26] Und noch etwas anderes gelang. Die Strategie des Boykotts war nie dazu geeignet gewesen, Menschen zusammenzubringen. Um Wahlen zu beobachten, ist hingegen Zusammenarbeit unerlässlich.[27]

Immer mehr Menschen schlossen sich in den Monaten vor der Wahl den *Ehrlichen Leuten* an. Am Anfang standen vier Personen. Ende Juli waren es bereits 300, die sich in zehn verschiedenen Projekten ehrenamtlich engagierten. Eine der Initiatorinnen, die Künstlerin Nadescha Buka, erklärte, sie sei nur eine von vielen, »die es satthaben, dass es in Belarus keine Freiheit der Kunst gibt. Ich bin nicht allein. Ich weiß, dass Schauspieler, Musiker und Künstler dies auch so sehen. Wir alle wollen einen Schluck frische Luft, wir sehnen uns nach Freiheit.«[28]

Große Bedeutung für die Arbeit des Teams von Babariko und die in seinem Umfeld entstandenen Initiativen hatte die Zusammenarbeit mit der transnationalen belarussischen IT-Community. Die Plattform *Golos* etwa wurde von Pawel Liber geschaffen. Dieser leitet eine Abteilung des 1993 in Minsk gegründeten Systemdienstleisters EPAM, den das Wirtschaftsmagazin *Forbes* im Jahr 2017 auf einer Liste der 25 am schnellsten wachsenden Start-up-Unternehmen der Welt führte.[29] Liber erzählt, wie vierzig Belarussen, die ganz oder teilweise im Ausland gelebt und einander kaum gekannt hatten, in ehrenamtlicher Arbeit ein vollständig hierarchiefreies Start-up gründeten, in dem »alles auf Vertrauen und der Arbeit am gemeinsamen Ziel beruht«. Am Anfang der Überzeugung, dass ein politischer Wandel möglich ist, standen die *Ehrlichen Leute*.[30]

Ein lebenswertes Land – *eine regierungskritische Kampagne*

Ein gesellschaftliches Erwachen fand jedoch nicht nur unter Künstlern, Managern und IT-lern statt. Auch um den Blogger und Unternehmer Sergej Tichanowski aus Gomel, der ebenso wie Babariko im Mai 2020 seine Kandidatur bei den Präsidentschaftswahlen angekündigt hatte, sammelten sich Menschen, denen er eine Stimme verlieh. Tichanowski hatte im März 2019 seinen YouTube-Kanal

»Ein lebenswertes Land« eröffnet und reiste ab Ende März 2020 mit einem Wohnmobil durchs Land. Dutzende Menschen kamen zu seinen Veranstaltungen. Vor laufender Kamera sprachen sie über ihre Probleme und teilten ihre Ansichten zu Lukaschenko und seinem Apparat mit. Eines der Videos, in dem eine Frau aus dem kleinen Städtchen Glubokoe zu sehen ist, wurde 700 000-mal aufgerufen.[31] Allein am 6. Mai, dem Tag der Verhaftung Tichanowskis, entschlossen sich weitere 9000 Menschen, seinen Kanal zu abonnieren, um Unterschriften für seine Kandidatur zu sammeln.

In der Videobotschaft vom 7. Mai, in der er seine Absicht zu kandidieren bekanntgab, erklärte er, man müsse »Widerstand gegen die Willkür der Bürokraten und ihren verbrecherischen Zynismus leisten«. (Als diese Botschaft veröffentlicht wurde, saß er im Gefängnis – wegen Beteiligung an einer nicht genehmigten Versammlung im Dezember 2019.) Er erklärte, die 130 000 Abonnenten seines Kanals hätten ihn gebeten zu kandidieren, da sie keinem der anderen Kandidaten vertrauen würden. Wie Babarikos Team forderte auch er ehrliche Wahlen und erläuterte so die Eckpunkte seines Programms: kommunale Selbstverwaltung, unabhängige Gerichte, eine Verfassungsänderung, ein Parlament ohne vom Präsidenten handverlesene Abgeordnete. Er kritisierte die wirtschaftsfeindliche, zynische Diktatur Lukaschenkos, die Einschränkung der Meinungs- und Versammlungsfreiheit, die Aufhebung der Gewaltenteilung und sprach von einer Reformblockade. Die Menschen würden nur deswegen schweigen, weil sie Angst hätten, ihre Arbeit zu verlieren. Er endete mit den Worten: »Belarus erwartet einen Wandel« – »Nur gemeinsam können wir ein lebenswertes Land errichten«. Der auf den Schnauzbart des Diktators anspielende Slogan »Stoppt die Kakerlake« sowie der eingeblendete Hausschuh zum Erschlagen der Schabe wurden zum Markenzeichen seines Wahlkampfs.[32]

Während Babariko vor allem die Minsker Mittelschicht ansprach, wendete sich Tichanowski an eine breitere potenzielle Wählerschaft. Gemeinsam war ihnen die Zielgruppe der freien Unternehmer. Vor allem aber benannten sie die gleiche Ursache für das Problem des Landes: der zynische Umgang des Lukaschenko-Regimes mit den Menschen in Belarus, denen es die grundlegenden, von der Verfassung garantierten Rechte und Freiheiten vorenthält.

Ähnlich äußerte sich auch der dritte oppositionelle Anwärter auf das Präsidentenamt, der sich Chancen auf eine größere Anzahl von Stimmen ausrechnen konnte: Valeri Zepkalo. Wie Babariko und Tichanowski diagnostizierte er nicht nur einen politischen und ökonomischen Niedergang, sondern erklärte auch, die Belarussen hätten eine bessere Zukunft verdient. Zu dieser könnten sie selbst beitragen, wenn sie nicht für das Regime mit seinen primitiven Kommandomethoden stimmten, sondern sich für jene entschieden, die nach dem Vorbild vieler anderer Länder die hierarchische Ordnung durch eine partnerschaftliche, horizontale Kooperation zwischen Staat und Gesellschaft ersetzen wollten.

Die lawinenartig wachsende Zustimmung zu den neuen Kandidaten zeigte, in welch tiefe Krise der »vertikale

Sozialvertrag« geraten war. Unter den 31- bis 40-Jährigen schwand die Unterstützung am schnellsten. In dieser Altersgruppe waren sehr viele Menschen vom Regime enttäuscht, hatten aber gleichzeitig noch nicht den Glauben verloren, dass sie die Lage im Land ändern können. Sie dachten nicht nur an sich, sondern auch an ihre Kinder, denen sie ein Leben in einem freien und demokratischen Belarus wünschten.

Sergej Tichanowski, Viktor Babariko und Valeri Zepkalo verkörperten die Interessen und Hoffnungen dieser Menschen. Sie versuchten, die Gesellschaft zu einen und in ihrem Namen zu sprechen. Darüber wurden sie zu Politikern und führten viele Unzufriedene zusammen, die zuvor nicht voneinander gewusst hatten. Sie motivierten sie zum gemeinsamen Handeln, was insbesondere dank moderner digitaler Techniken möglich wurde. Solche horizontalen Kooperationsangebote hatten frühere Oppositionelle der Gesellschaft nie gemacht. Sie hatten die elitären sowjetischen Vorstellungen vom Aufbau politischer und gesellschaftlicher Organisationen übernommen und daher nur wenig Unterstützung gefunden. Hinzu kamen ihre konservativen Vorstellungen, die sie eher als Kopie Lukaschenkos denn als Alternative zu ihm erscheinen ließen. Zudem ignorierten sie, dass die belarussische Gesellschaft spätestens seit der Erosion des Sozialstaats in den 2010er Jahren neue Formen der sozialen Inklusion forderte.

Die drei Oppositionskandidaten boten den Bürgern nicht nur an, sich ihren Teams anzuschließen. Sie konnten vielmehr an den verschiedensten sozialen Orten eigene

Initiativen gründen, von Nachbarschaftsgruppen über Studentenvereinigungen bis zu freien Gewerkschaften. Dies war es, was den revolutionären Charakter der Ereignisse im Sommer 2020 in Belarus ausmachte: »Nur wo dieses Pathos des Neubeginns vorherrscht und mit Freiheitsvorstellungen verknüpft ist«, schrieb Hannah Arendt, »haben wir das Recht, von Revolution zu sprechen.«[33]

Das Vereinigte Team von Swetlana Tichanowskaja, Maria Kolesnikowa und Veronika Zepkalo verlieh diesem Geist der Revolution weiteren Schwung. Die Bereitschaft zur Selbstaufopferung und die Empathie, mit der sie auftraten, ermöglichte es nun auch Menschen und Gruppen, sich der Bewegung anzuschließen, die zuvor besonders unsichtbar und machtlos gewesen waren. So organisierten etwa Rentner und Menschen mit Behinderung eigene Protestmärsche.

Entscheidend dafür, dass die Unzufriedenheit offen ausbrach, war der Umgang des Regimes mit der Pandemie. Davon waren buchstäblich alle betroffen. Es verwundert daher nicht, dass einer der ersten Slogans der Bewegung jener von den »3 %« war, die noch hinter Lukaschenko stünden. 97 % – das war die neue Mehrheit, die an die Stelle der ohnehin schon lange zum Mythos verkommenen »Lukaschenko-Mehrheit« getreten war.

Die neue Mehrheit und ihre Wahl

Die Memes »Ich bin/wir sind 97 %« und »Lukaschenko: 3 %« tauchten Ende Mai auf. Nachrichtenportale wie *tut. by*, *Onliner* und *Nascha Niwa* hatten ihre Leser gefragt, für wen sie bei den anstehenden Wahlen stimmen werden. In zwei dieser Onlineumfragen, an denen zusammen 70 000 Menschen teilnahmen, erhielt Lukaschenko 3 Prozent. Kurz darauf war auf Hauswänden und Brücken in Minsk und vielen anderen Städten des Landes zu lesen: »Sascha 3 %«. In den sozialen Netzwerken konnten die Menschen sich nicht genug an dieser Perspektive erfreuen. Daraufhin verbot das Regime Umfragen im Netz. Die Zeitung *Narodnaja Wolja* wandte sich daher an den Direktor des Soziologischen Instituts der Akademie der Wissenschaften, Gennadi Korschunow. Dieser erklärte, laut Umfragen seines Instituts vom März und April 2020 würden in Minsk 24 Prozent Lukaschenko unterstützen. Nur 11 Prozent der befragten Minsker gaben an, der seit 1996 amtierenden Vorsitzenden der Zentralen Wahlkommission Lidia Jermoschina zu vertrauen.[34] Diese Zahlen waren zwar nicht einfach auf das ganze Land zu übertragen, aber selbst für Minsk waren sie so niedrig, dass Korschunow nach Erscheinen des Interviews entlassen wurde.

Erstmals erklärte die Gesellschaft, in deren Namen Lukaschenko stets zu sprechen behauptete, mit großer Mehrheit, dass sie ehrliche Wahlen und einen Machtwechsel forderte. Mit dem Slogan von den 97 Prozent, die angeblich gegen Lukaschenko stimmen wollten, gelang es, die Botschaft zu verbreiten, dass ein tiefgreifender Wandel stattgefunden habe: aus der passiven sei eine aktive Gesellschaft geworden, bereit, Verantwortung zu übernehmen. Der aktive Teil der Gesellschaft fühlte sich nach dem gewaltigen Zuspruch, den Swetlana Tichanowskaja bei ihrer zweiwöchigen Wahlkampftour durch Belarus erhalten hatte, in der Mehrheit. Dies ist der Grund, weshalb die am Abend der Abstimmung an den Wahllokalen ausgehängten Protokolle, die einen Stimmanteil für Lukaschenko von 70 oder gar 80 Prozent auswiesen, bei vielen Belarussen so viel Zorn hervorriefen und sie veranlasste, auf die Straßen zu gehen.

Ein großes Verdienst kommt auch den unabhängigen Wahlbeobachtern zu. Mehr als 5000 Menschen hatten sich als Beobachter registrieren lassen – so viele wie niemals zuvor in Belarus. Die Zentrale Wahlkommission hatte daraufhin mit Verweis auf die Sars-Cov-2-Pandemie die Zahl der zulässigen Beobachter pro Wahllokal heruntergesetzt. Reduziert wurde natürlich nur die Zahl der zugelassenen unabhängigen Beobachter, so dass die Mehrheit der Beobachter, die letztendlich über den Verlauf der Wahlen wachten, aus regimenahen Organisationen kam.

Weder der Europarat noch die OSZE schickten Beobachter zu den Wahlen im August. Ersterer wegen der Pandemie, die OSZE, weil sie nur auf Einladung eines Mitgliedsstaats tätig wird, die sie aus Belarus nicht erhalten hatte.

Die heimischen Wahlbeobachter, die trotz der Einschränkungen zugelassen wurden, taten ihr Bestes, um ein realistisches Bild von der Beteiligung und dem Stimmverhalten bei der vorzeitigen Stimmabgabe sowie am eigentlichen Wahltag zu erhalten. Einige Beobachter wurden unter Vorwänden festgenommen, die allermeisten wurden nicht in die Wahllokale gelassen und versuchten an den Eingängen, an Informationen zu gelangen. Sie erhielten jedoch weder Einsicht in die Wählerlisten, noch konnten sie bei der eigentlichen Stimmabgabe anwesend sein.[35] Und doch konnten sie allein in den ersten drei Tagen nach Beginn der vorzeitigen Stimmabgabe mehr als 3000 Verstöße gegen das Wahlrecht dokumentieren.[36]

41,7 Prozent der Wähler gaben nach offiziellen Angaben vorzeitig ihre Stimme ab – mehr als die Behörden jemals zuvor bei einer Wahl ausgewiesen hatten. Dennoch bildeten sich vor etlichen Wahllokalen in Minsk, Brest und anderen Städten lange Schlangen. Viele Wähler konnten ihre Stimme nicht abgeben, weil die Wahllokale schlossen, bevor sie eingelassen worden waren. Gleichzeitig wurden nach Beobachtungen der Menschenrechtsorganisation *Wjasna* und der *Ehrlichen Leute* in manchen Wahllokalen mehr abgegebene Stimmen ausgewiesen, als es registrierte Wähler gab. In einzelnen Wahllokalen war die offizielle Zahl der angeblich abgegebenen Stimmen fünf und manchmal sogar zehn Mal höher als die Zahl der diesem Wahllokal zugeordneten Wähler.

Um zu einer Einschätzung des tatsächlichen Wahlausgangs zu kommen, forderten die *Ehrlichen Leute* Wähler, die nicht für Lukaschenko zu stimmen beabsichtigten, dazu auf, den Urnengang in weißer Kleidung und mit einem weißen Armband anzutreten. Dies ermöglichte den Beobachtern eine Einschätzung des Wahlausgangs im jeweiligen Wahllokal.

Auf der Plattform *Golos* konnten Wähler zudem Verstöße melden, insbesondere das Fehlen eines Sichtschutzes um die Wahlkabine. Ein solcher Sichtschutz wurde auf Anordnung der Zentralen Wahlkommission vielerorts unter Verstoß gegen das Prinzip der geheimen Wahl *nicht* angebracht. So sollte verhindert werden, dass Wähler ihren Wahlzettel fotografieren und ihn zu einer Ziehharmonika falten, bevor sie ihn in die Urne werfen. Genau dies hatte *Golos* empfohlen. Die Anzahl der hochgeladenen Fotos von Wahlzetteln aus bestimmten Wahllokalen sollte einen Abgleich mit den offiziellen Angaben ermöglichen. Gefaltete Zettel sollten es Wahlbeobachtern, die zur Auszählung zwar zugelassen, aber bei Öffnung der Urne auf Abstand gehalten werden, erlauben, die Zahl der nicht für Lukaschenko abgegebenen Stimmen zu schätzen.

Ich habe mich an alle Vorschläge gehalten. Trotz Fehlen eines Sichtschutzes machte ich ein Foto von meinem ausgefüllten Wahlzettel und faltete ihn zur Ziehharmonika, bevor ich ihn in die Urne warf. Anschließend forderte ich die Wahlkommission auf, die Stimmen ehrlich auszuzählen, drückte jedem Mitglied der Kommission eine Postkarte mit Chaim Soutines »Eva« (samt Aufforderung zur korrekten Auszählung) in die Hand und überreichte ihr schließlich ein vorbereitetes Beschwerdeschreiben wegen des fehlenden Sichtschutzes.

Obwohl die Behörden das Internet in Minsk und einer Reihe anderer Städte und Landkreise vom Abend des 9. August an für mehrere Tage fast vollständig blockierten, erklärten mehr als eine Million Belaruss:innen auf der Plattform *Golos*, dass sie an der Wahl teilgenommen und für Tichanowskaja gestimmt hätten. 550 000 belegten dies, indem sie ein Foto ihres Stimmzettels hochluden.

Den Mitarbeitern von *Golos* gelang es zudem, gemeinsam mit den *Ehrlichen Leuten* und den Aktivisten des Projekts *Zubr* (Bison), die offiziellen Ergebnisse aus 1310 der insgesamt 5767 Wahllokale zu erhalten. Der Vergleich dieser Protokolle mit den über die abfotografierten Wahlzettel dokumentierten Stimmen sowie einzelne Meldungen von Mitgliedern örtlicher Wahlkommissionen ermöglichten den Beweis, dass in mindestens einem Drittel der Wahllokale die Ergebnisse gefälscht wurden. Dort, wo die Auszählung korrekt verlief, hatte Tichanowskaja mehr als 50 Prozent erhalten.[37] Diese Zahlen beziehen sich nur auf jene Wahllokale, in denen überhaupt Ergebnisse veröffentlicht wurden. Vielerorts geschah selbst dies nicht. Auch in meinem Wahllokal unterließen es die Mitglieder der Wahlkommission, die Resultate bekanntzugeben, und verschwanden einfach durch den Hinterausgang.

Die »ganze Wahrheit« kam auf den Tisch, als die Zentrale Wahlkommission das offizielle Ergebnis verkündete. 80,2 Prozent der Stimmen für Lukaschenko, 9,9 für Tichanowskaja. Damit war klar: Hier wurde kein Ergebnis

geschönt, sondern eine vorab festgelegte Planziffer eingesetzt.

Hätte Lukaschenko sich mit 60 Prozent begnügt, die
Revolution wäre vielleicht ausgeblieben. 80 Prozent aber,
das war fernab jeder Realität. Es war eine gezielte Demü-
tigung all jener, die sich seit Monaten für ein neues Belarus engagierten und dabei neues Selbstvertrauen gewonnen hatten.

Der »Platz des Wandels«

Während die Wahlkommissionen am Tag vor dem Urnengang damit beschäftigt waren, Stimmzettel in die Urnen
zu stopfen – genau dies hatten Beobachter in Brest mit
dem Fernglas von der Straße aus beobachtet, da ihnen der
Zugang zu den Wahllokalen ja verweigert wurde –, spielte
sich im Kiewer Park in Minsk eine Szene ab, die zu einem
der wichtigsten Symbole des Protests werden sollte.

Am 6. August, einen Tag nach Beginn der vorzeitigen
Stimmabgabe, fand in der Grünanlage eine Veranstaltung
unter dem Motto »Tag der Offenen Tür der Bildungsstät-
ten« statt. Faktisch war es eine Wahlkampfveranstaltung
des Regimes. Allerdings hatten auch Swetlana Tichanowskaja und ihr Vereinigtes Team angekündigt, im Kiewer
Park aufzutreten. Eine eigene Veranstaltung, die sie geplant hatten, konnten sie nicht durchführen, weil sie keine Genehmigung erhalten hatten. Alle öffentlichen Plätze
seien belegt, teilten ihnen die Behörden mit. So rief Tichanowskaja ihre Anhänger auf, in den Kiewer Park zu kom-

men. Gegen 19 Uhr erschallte plötzlich das Lied »Chotschu peremen« (Ich will Wandel) von Viktor Zoj aus dem Lautsprecher, eine Pop-Hymne aus Perestroika-Zeiten. Jeder in Belarus kennt sie und versteht ihre politische Botschaft. Aufgelegt hatten das Stück zwei Tontechniker aus dem Minsker »Haus der Kinder und der Jugend«, einer staatlichen Einrichtung für außerschulische Angebote. Die Arme in die Luft gereckt, der eine mit einem weißen Bändchen, der andere mit einem weißen Armreif in den Händen, standen die beiden »DJs der Wende«, wie Kirill Galanow und Wladislaw Sokolowski bald genannt wurden, am Mischpult.

Den jungen Männern war klar, dass die Aktion sie den Job kosten würde. Aber das Regime bei seinem unehrlichen Spiel mit der Gesellschaft noch zu unterstützen, das hätten sie einfach nicht gekonnt, erklärten sie. Videoaufnahmen der Szene verbreiteten sich mit rasender Geschwindigkeit im Netz, und am nächsten Tag wurden die beiden wegen Rowdytum und Widerstand gegen die Staatsgewalt zu zehn Tagen Arrest verurteilt. Wladislaw Sokolowski wurde im Gefängnis vom stellvertretenden Innenminister persönlich verhört – und geschlagen. Als sie wie erwartet ihre Anstellung verloren, gingen zu ihrer Unterstützung 42 000 belarussische Rubel (13 000 Euro) auf einem Crowdfunding-Konto ein. Und doch verließen sie Ende August das Land, nachdem einer der beiden erneut festgenommen und ihm ein Strafverfahren angedroht worden war. Angestellte einer staatlichen Einrichtung, die sich öffentlich auflehnen und so viel Sympathie erfahren – das konnte der Staat nicht auf sich sitzen lassen.

Am 12. August, dem Tag, als erstmals die Frauen auf dem Komarowski-Markt ihre Kette bildeten, tauchte in einer Hochhaussiedlung in der Tscherwjakow-Straße an einem Stromhäuschen ein Graffito auf. Es zeigt die beiden »DJs der Wende«. Als Vorbild diente ein Plakat, das der Künstler und Webdesigner Dmitri Dmitriew unmittelbar nach dem Ereignis im Kiewer Park entworfen hatte. Die Bewohner der umliegenden Hochhäuser schlossen sich zu einer Hofgemeinschaft zusammen und tauften den Ort »Platz des Wandels«. Um das Wandbild entwickelte sich eine regelrechte Schlacht zwischen dem Regime und den Anwohnern. Immer wieder kam die Polizei, der OMON oder auch Männer in Zivil und übermalten das Bild. Und ein ums andere Mal brachten die Anwohner es wieder an.

Aus dem Kampf um das Graffito entwickelte sich jedoch bald noch viel mehr. Musiker und Schriftsteller traten auf, die Anwohner organisierten Kinderfeste und Teerunden. Rasch taten es ihnen viele andere Hofgemeinschaften in der ganzen Stadt nach und gaben dem Gelände vor ihren Hochhäusern Namen wie »Maria-Kolesnikowa-Platz« oder »Nina-Baginskaja-Park«.

Die Bewohner der umliegenden Wohnblocks, die jahrelang Tür an Tür gelebt, aber nie ein Wort miteinander gewechselt hatten, schlossen sich nun in eigens gegründeten Telegram-Chats zusammen, in denen sie allabendliche Feste organisierten und Nachbarschaftshilfe koordinierten.

Ende September verzeichnete die Internetseite »dze. chat – Sprich mit deinen Nachbarn«, auf der die Hofgemeinschaften ihren Telegram-Kanal verzeichnen lassen können, 1155 solcher Kanäle. Manche hatten einige Dutzend Abonnentinnen und Abonnenten, andere mehr als tausend.[38] Vielerorts schufen die Hofgemeinschaften neben den Chats auch einen eigenen Nachrichtenkanal. Manche begannen sogar, Zeitungen herauszugeben, um auch jene Bewohner der umliegenden Häuser zu erreichen, die sich nicht im Internet bewegen.

Der Dichter Dmitri Strozew hat diese Gemeinschaften als »Hof-Republiken« bezeichnet. Noch vor kurzem seien die Schlafrayons der belarussischen Städte Orte der Entfremdung gewesen. »Doch plötzlich trafen die Menschen am 9. August vor den Wahllokalen ihre ›unbekannten‹ Nachbarn und erkannten in ihnen Gleichgesinnte, die in dieselbe ›politische Farbe‹ gekleidet waren, mit weißen Armreifen am Handgelenk, die ebenso wie sie ihre Wahlzettel zur Ziehharmonika falteten. Sie stellten fest, dass sie alle ihre Stimme für Tichanowskaja abgaben – für ein lebenswertes Land, ein Land ohne Lukaschenko. Die Staatsmacht hat der Gesellschaft die vertikale repräsentative Demokratie verweigert. Dies gab den Anstoß für die spontane Entstehung einer horizontalen, direkten Demokratie in den Höfen, Toreingängen und Treppenhäusern von Belarus.«[39]

Mitte September wurde auf dem »Platz des Wandels« der vierzigjährige Baumpfleger Stepan Latypov festgenommen, der am Wandbild mit den »DJs des Wandels« Wache gehalten hatte. Die Behörden eröffneten ein Strafverfahren wegen Teilnahme an Massenunruhen, bald wurde er als politischer Gefangener anerkannt.

»Ich gehe raus!«

Zwei Monate später wurde auf dem »Platz des Wandels« der 31-jährige Künstler Roman Bondarenko von maskierten Männern brutal zusammengeschlagen. Auch er wohnte in einem der umstehenden Häuser und hatte in den Wochen zuvor auf den Hoffesten Malunterricht für Kinder gegeben. Am nächsten Abend starb er in einem Krankenhaus an einem Schädel-Hirn-Trauma. Bevor er seine Wohnung verlassen hatte, um Wache bei den weiß-rot-weißen Bändern zu halten, die immer wieder abgerissen wurden, hatte er im Hof-Chat geschrieben: »Ich gehe raus.«

Die weiß-rot-weißen Flaggen und Abzeichen, mit denen die Höfe und die Fenster der Häuser geschmückt wurden, waren bereits mit den ersten Hoffesten aufgetaucht. Seit dem Terror in den Tagen vom 9. bis 11. August sind Weiß-Rot-Weiß die Farben des Protests, das alte Rot-Grün der Staatsflagge hingegen ist zum Symbol der Gewalt des Regimes gegen die eigenen Bürger geworden. An vielen Orten wurden weiß-rot-weiße Fahnen zwischen den Häusern aufgespannt. Einer der bekanntesten war der Wohnblock »Kaskade« in Minsk. Das Regime schickte fortwährend Einsatzkräfte, um diese Zeichen des Protests zu beseitigen. Selbst die Feuerwehr ließ es anrücken, um hoch aufgehängte Fahnen von der Drehleiter aus zu entfernen. Und schon am nächsten Tag hatten die Anwohner neue aufgehängt. Um den Einsatzkräften des Regimes die Arbeit zu erschweren, schnitten die Leute Tausende weiße und rote Bändchen zurecht und knüpften sie an die Eisenzäune in den Höfen. Kamen dann die maskierten Männer, um sie abzuschneiden, sprachen die Bewohner der Höfe diese an, fragten sie, wer sie geschickt habe und wozu sie dies täten. Genau dies hatte Roman Bondarenko vor, als er schrieb: »Ich gehe raus.« Dies waren seine letzten Worte, bevor er zu Tode geprügelt wurde. Rasch wurden sie zur neuen Losung der Proteste.

Gegen den Arzt Artjom Sorokin, der einer Journalistin Angaben zu Bondarenkos Zustand bei seiner Einlieferung in die Notaufnahme gemacht hatte, erhoben die Behörden Anklage wegen Verletzung der ärztlichen Schweigepflicht. Ebenso gegen die Journalistin Katerina Borisewitsch, die für das Nachrichtenportal *tut.by* zu den Umständen des Todes von Bondarenko recherchiert hatte. Darüber hinaus verbreitete die Untersuchungsbehörde, Bondarenko sei alkoholisiert gewesen. Lukaschenko behauptete, die Polizei sei wegen einer Schlägerei gerufen worden und habe den betrunkenen und verletzten Bondarenko ins Krankenhaus gebracht. Zu der Schlägertruppe sagte er nichts. Es gibt jedoch Hinweise, dass die Männer, die die weiß-rot-weißen Bänder abschnitten und Bondarenko die tödlichen Kopfverletzungen zufügten, von Dmitri Baskov angeführt wurden, dem Präsidenten des belarussischen Eishockeyverbands, der dem Umfeld von Lukaschenko angehört.

Einen Tag nach dem Tod Bondarenkos strömten die Menschen mit Blumen, Kerzen, Kinderzeichnungen und Bildern des Ermordeten auf den »Platz des Wandels«, der heute ein Ort des Erinnerns an ihn ist. Zwei Tage später, am 15. November, dem 99. Tag der Proteste, war der Platz Ziel des wöchentlichen Sonntagsmarsches. An diesem Tag wurde das Internet bereits um 9 Uhr morgens abgeschaltet, viele Metrostationen blieben geschlossen. An der Station Puschkinskaja, wo der Marsch beginnen sollte, trieb der OMON die Menschen mit Schockgranaten und Tränengas auseinander. Dennoch zogen einige Tausend Menschen zum »Platz des Wandels«, wo sie auf ebenso viele Einsatzkräfte stießen. Diese setzten erneut Schockgranaten ein, doch es gelang ihnen nicht, die Menschen auseinanderzutreiben. Wie bei den vorhergehenden Märschen trat einer der Demonstranten mit erhobenen Händen auf die bewaffneten Männer zu und rief: »Schießt!« 1268 Menschen wurden an diesem Sonntag in Belarus festgenommen. Nicht nur in Minsk, auch in Gomel, Brest, Grodno, Witebsk, Schlobin, Baranowitschi, Nowogrudok und Ljachowitschi wurde friedlich demonstriert. Gegen einige der Festgenommenen, darunter Journalistinnen und Journalisten, wurden Strafverfahren wegen Teilnahme an Massenunruhen eingeleitet.

In Minsk streiften die Einsatzkräfte nach Auflösung der Versammlung auf dem »Platz des Wandels« die gesamte Nacht durch die Straßen und Höfe. Sie kontrollierten die Ausweise aller, denen sie begegneten, und verhafteten jeden, der nicht in unmittelbarer Nähe wohnte. 100 bis 200 Teilnehmer:innen des Demonstrationszugs aus anderen Gegenden von Minsk versteckten sich bei den Anwohnern am »Platz des Wandels«. Eng gedrängt lagen sie stundenlang auf dem Boden der Wohnungen, schweigend, um die durch die Flure ziehenden Polizisten nicht auf sich aufmerksam zu machen. Viele fühlten sich an die Geschichten erinnert, die ihnen ihre Großmütter aus dem Krieg erzählt hatten.[40]

Ich verfolgte diese Ereignisse von Vilnius aus, wohin ich zwei Wochen zuvor geflohen war, um einem Strafverfahren zu entgehen. Mitten in der Nacht erreichten mich und meinen Kolleginnen aus der FemGruppe des Koordinierungsrats Textnachrichten von Freunden, die flehten, die Botschafter in Minsk zu kontaktieren. Wir sollten sie bitten, sich am nächsten Morgen auf den »Platz des Wandels« zu begeben, um es den Leuten möglich zu machen, aus ihren nächtlichen Verstecken hervorzukommen.

Am nächsten Tag versammelten sich erneut einige Tausend Menschen vor der Christ-Erlöser-Kirche, um Roman Bondarenko das letzte Geleit zu geben. An diesem Tag wurden die Menschen nicht auseinandergetrieben. Lukaschenko aber äußerte sich erneut abschätzig über den Ermordeten, der versucht habe, den Helden zu spielen.

Der Sonntagszug am 15. November zum Gedenken an Roman Bondarenko war der bislang letzte gemeinsame Marsch aller Minsker. Seitdem finden in Minsk und anderen Städte nur noch kleinere Protestveranstaltungen in den Wohnvierteln und spontane Einzelmärsche statt. Die Kälte, die Erschöpfung, eine zweite Welle der Corona-Pandemie und auch das weiter verschärfte Vorgehen des Regimes gegen die Demonstrant:innen (Einsatzkräfte patrouillieren überall in der Stadt und immer mehr Menschen wird ein Strafverfahren angehängt) – dies alles konnte nicht ohne Folgen bleiben.

Die Teilnehmer der Proteste, die nun dabei sind, neue Kräfte zu sammeln, erzählen, dass sie unter posttraumatischen Belastungen leiden: Sie haben Panikanfälle, ihr Blutdruck oder ihre Körpertemperatur schwanken stark. »Es fühlt sich an, als sei ich aus dem Krieg heimgekehrt«, schreibt mir ein Freund, mit dem ich bis zu meiner Verhaftung am 4. Oktober jeden Sonntag zu den Märschen gegangen bin. Keinen einzigen Marsch hatte er ausgelassen, einmal wäre er fast verhaftet worden, konnte sich in einem Innenhof verbergen und lag dort mitten in der Nacht eine Stunde lang reglos in seinem Versteck. »Meine Stimmung ist gut, so wie früher. Man muss weiter alles tun, was möglich ist, das ist doch klar.« Er erzählt, dass einige seiner Bekannten das Land verlassen wollten, »weil es keine guten Nachrichten gibt«. Aber, so fügt er hinzu, »ich bleibe, damit diese Nachrichten eines Tages kommen«.

Formen des Protests

Die Solidaritätsketten der Frauen am 12. August auf dem Komarowski-Markt hatten nicht nur den Anstoß für die großen Straßendemonstrationen und die Hoffeste gegeben. Sie führten auch zur Formierung zahlreicher Gruppen, die ihrem Protest gegen die Gewalt auf öffentlichen Plätzen und im Internet Ausdruck verliehen. Am 13. August versammelte sich auf dem Jakub-Kolas-Platz im Stadtzentrum von Minsk eine Gruppe »Ehrlicher Lehrer«. Da viele Wahllokale in Schulen liegen und die Kollegien zur Mitarbeit in den Wahlkommissionen verpflichtet wurden, wollten sie zeigen, dass bei weitem nicht alle Lehrer sich an den Fälschungen beteiligt hatten. Einige hatten die Mitarbeit in den Kommissionen von vorneherein verweigert. Andere hatten die Stimmen korrekt ausgezählt und sich geweigert, die Protokolle mit den gefälschten Zahlen zu unterschreiben. Gleichzeitig hefteten viele ehemalige Schüler ihre Abschlusszeugnisse an die Türen ihrer einstigen Schule, um damit gegen jene Lehrer zu protestieren, die sich am Wahlbetrug beteiligt hatten.

Auf den Treppen am Eingang zur Philharmonie in Minsk versammelten sich Musiker und Angestellte, die in Streik getreten waren. Ihnen schlossen sich Musiker anderer Orchester an. Unter ihnen waren bekannte Solisten, Mitglieder zahlreicher Rockgruppen und viele Musikschullehrer. Mehrere Wochen gingen sie auf die Straße, bis die Verfolgung durch die Polizei sie zwang, nach anderen Wegen zu suchen. Sie gründeten einen »Freien Chor«, der sein Repertoire revolutionärer Lieder in Metrostationen, Einkaufszentren, an der Minsker Gedenkstätte für die Opfer des Holocaust, auf den Hoffesten und an vielen anderen Orten aufführte.

Am 11. August trafen sich erstmals auch Arbeiter großer Betriebe zu Kundgebungen und kündigten Streiks an. In der folgenden Woche fanden Arbeitsniederlegungen in mehr als zehn großen Fabriken des Landes statt, etwa beim Düngerproduzenten *Azot* in Grodno, im *Minsker Autowerk* (MAS) und in der Autofabrik *BelAs*. Die Arbeiter forderten keine Lohnerhöhungen oder Arbeitszeitverkürzungen. Es ging ihnen ausschließlich um ein Ende der Gewalt gegen friedliche Menschen, die Freilassung der politischen Gefangenen und faire Neuwahlen. Als Lukaschenko am 17. August die Minsker Zugmaschinenfabrik besuchte, weil er dort eine treue Gefolgschaft erwartete, stieß er auf eine Arbeiterschaft, die während seiner Rede skandierte: »Hau doch ab! Hau doch ab!« Er musste die Rede abbrechen und das Weite suchen. Am selben Tag riefen Arbeiter von *Belaruskali* in Saligorsk, einem der größten Düngemittelhersteller weltweit, einen unbegrenzten Streik aus. Proteste und Streiks der verschiedensten Berufsgruppen fanden in ganz Belarus statt. Überall in Minsk bildeten die Menschen Solidaritätsketten und kamen zu lokalen Aktionen zusammen, bei denen Maria Kolesnikowa und andere Vertreter:innen des Koordinierungsrats häufig erschienen.

Gestreikt wurde auch beim staatlichen Rundfunk. Zahlreiche Journalisten der verschiedenen Radio- und Fernsehsender sowie staatlicher Presseorgane kündigten ihren Job. 160 Journalisten wählten einen anderen Weg: Sie verfassten einen gemeinsamen Brief an den Informationsminister, in dem sie ein Ende der Gewalt gegen friedliche Bürger und der Blockade des Internets oder einzelner Dienste und Portale forderten.

Auch Priester und Laien aus orthodoxen, katholischen und evangelischen Gemeinden schlossen sich den Protesten an. Auf dem Platz der Freiheit im Stadtzentrum von Minsk, wo die orthodoxe und die römisch-katholische Kathedrale stehen, sammelten sie sich zu Prozessionen und gemeinsamen Gebeten.

Am 13. August wandte sich das Ensemble des berühmten Janka-Kupala-Theaters unter der Leitung des ehemaligen Botschafters und Kulturministers Pawel Latuschko mit einer öffentlichen Stellungnahme an das Regime, in der es ebenfalls ein Ende der Gewalt forderte und Lukaschenko aufforderte, in Dialog mit der Gesellschaft zu treten. Auch einige Dutzend Schauspieler und Angestellte der Theater in Grodno und Mogiljow verfassten einen offenen Brief an das Regime. In Minsk versammelten sich zahlreiche Künstlerinnen und Künstler unter dem Motto »streiken statt malen« vor dem Palast der Künste.

Am 14. August zogen Tausende Arbeiter der Minsker Traktorenfabrik durch das Stadtzentrum zum Haus der Regierung. Dort vereinigte sich ihr Zug mit anderen Demonstranten. Gemeinsam skandierten sie: »Hau ab! Hau ab!« und forderten Neuwahlen.[41] Die zehn OMON-Polizisten, die das Gebäude bewachten, senkten ihre Schilder, und sogleich liefen mehrere Frauen zu ihnen, um ihnen Blumen zu überreichen. Sie wollten in der Geste ein Zeichen der Versöhnung sehen. Doch die Männer blieben stehen.

Am 16. August versammelten sich in Brest 30 000 Menschen auf dem zentralen Platz der Stadt – ein Zehntel der Einwohner. Die Versammelten erzählten einander von den Nächten der Gewalt und forderten, dass die Vorgänge untersucht würden und die Verantwortlichen zurückträten. Tatsächlich begaben sich der Bürgermeister, der Vorsitzende des örtlichen Ermittlungskomitees und der Staatsanwalt auf den Platz.[42] Der Bürgermeister versprach eine Untersuchung. Kurz darauf wurden 178 Menschen freigelassen, die am 10. und 11. August festgenommen worden waren. In den folgenden Tagen berieten zahlreiche zivilgesellschaftliche Organisationen über die Gründung eines Gesellschaftsrats. In diesem Gremium kamen aktive Bürger und Vertreter der örtlichen Behörden zusammen, um über Gesetzesvorhaben und andere öffentliche Belange zu diskutieren.

In Grodno erfüllte die Stadtverwaltung nach mehreren großen Protestversammlungen einige der Forderungen der Demonstranten: Sie hob das Verbot von Großveranstaltungen auf den beiden zentralen Plätzen der Stadt auf und kündigte die Gründung eines »Rats für gesellschaftliche Einheit« an. In ihm sollten Abgesandte örtlicher Parteien, gesellschaftlicher Organisationen und betrieblicher Streikkomitees mit Vertretern der Stadtverwaltung und des Stadtparlaments zusammenkommen. Am 19. August wurden alle in den Tagen nach der Wahl Verhafteten freigelassen.

Die Ereignisse in Brest und Grodno ließen in der Protestbewegung die Hoffnung wachsen, dass ein Dialog mit dem Regime möglich ist. Dies war der Anlass für die von Swetlana Tichanowskaja initiierte Gründung des Koordinierungsrats.

Betriebsbelegschaften, Berufsverbände, Alumniklubs und viele andere Zusammenschlüsse sammelten nun mit neuer Energie Unterschriften für offene Briefe, in denen sie die Behörden zur Erfüllung jener drei Forderungen aufriefen, die zu diesem Zeitpunkt nahezu die gesamte Gesellschaft vereinten: Ende der Gewalt und Bestrafung der Verantwortlichen, Freilassung der politischen Gefangenen, ehrliche Neuwahlen. An der Staatlichen Linguistischen Universität in Minsk unterzeichneten 3700 Studenten, Absolventen, Dozenten und andere Mitarbeiter einen offenen Brief an das Regime. Als kurze Zeit später das neue Semester begann, wurde diese Hochschule zu einem Zentrum der Proteste. An der Belarussischen Staatlichen Universität unterzeichneten 445 Studenten der Fakultät für Chemie, 555 Absolventen der Juristischen Fakultät, 624 Studenten, Absolventen und Dozenten der Fakultät für Biologie, 805 Absolventen der Fakultät für Physik der Radiowellen, 935 Absolventen der Fakultät für Internationale Beziehungen, 2465 Absolventen und Studenten der Fakultät für angewandte Mathematik und Informatik entsprechende Aufrufe. In Grodno setzten 2000 Studenten und Absolventen der Staatlichen Janka-Kupala-Universität ihren Namen unter einen offenen Brief, an der Belarussischen Staatlichen Kunstakademie in Minsk waren es 1241 Dozenten, Mitarbeiter, Studenten und Absolventen, an der Staatlichen Universität für Informatik und Radioelektronik 3720 Studenten und Absolventen, an der Staatlichen Wirtschaftswissenschaftlichen Universität 3720 Studenten und Absolventen. Die Liste ist noch viel länger.

Einen offenen Brief von Mitarbeitern medizinischer Einrichtungen unterzeichneten 4447 Personen, eine Erklärung von Angestellten im Telekommunikationssektor wurde 4510-mal, ein Aufruf aus dem IT-Sektor mehr als 2500-mal unterzeichnet. An der Petrochemischen Raffinerie in Mosyr waren es 1200 Arbeiter und Angestellte, an verschiedenen pharmazeutischen Unternehmen 700, aus dem Kulturbereich 1596 Personen. 6018 Gläubige unterzeichneten einen Aufruf von Christen verschiedener Konfessionen. Gemeinsame Erklärungen verfassten auch Anwälte, Angestellte aus dem Tourismussektor, Mitglieder der Vereinigung der evangelischen und lutherischen Kirchen in Belarus u. v. m.

Immer wieder erschienen in den folgenden Monaten solche Briefe und Videobotschaften, in denen sich die Unterzeichner und Sprecher gegen die politische Verfolgung, gegen Entlassungen und die Exmatrikulation von Studenten wandten und sich über Repressionen und Morde empörten. Als die Rektorin der Staatlichen Universität für Kultur und Kunst, Alina Korbut, am 31. August aus politischen Gründen entlassen wurde, forderten 6529 Menschen in einem offenen Brief, dass sie wieder in ihr Amt eingesetzt wird.[43]

Formen der Solidarität

Große Bedeutung kam auch der belarussischen Diaspora in aller Welt zu. Die meisten Ausgewanderten entdeckten sich in diesem Sommer überhaupt erst als Gemeinschaft von Belarussen. Sie meldeten sich in den Konsulaten als Wahlbeobachter an, organisierten in Dutzenden Städten Solidaritätsaktionen, unterstützten Studenten und Hochschullehrer, Musiker und Künstler, sammelten Spenden für medizinische Güter und wirkten in ihrer neuen Heimat auf Regierungen und Parteien ein, was etwa in den USA zur Verabschiedung des »Gesetzes über Demokratie, Menschenrechte und Souveränität in Belarus« führte.[44]

In Litauen bildeten am 23. August 50 000 Menschen eine 35 Kilometer lange Kette der Solidarität, einen »Weg der Freiheit« von der Hauptstadt Vilnius zur belarussischen Grenze. Unter den Teilnehmern waren der litauische Präsident Gitanas Nausėda, Außenminister Linas Linkevičius, die ehemaligen Präsidenten Dalia Grybauskaitė und Valdas Adamkus. Niemals zuvor hatte es so viel Solidarität mit Belarus im Ausland gegeben. Plötzlich erschien dieser weithin unbekannte Staat auf der Landkarte Europas. Fast 50 000 Menschen unterzeichneten eine an Maria Kolesnikowas ehemaliger Wirkungsstätte in Stuttgart initiierte Petition, in der sie ihre Befreiung fordern.[45] In einer gemeinsamen Erklärung forderten mehr als 2000 Vertreter aus Wissenschaft und Lehre in Deutschland ein Ende der Gewalt an den Hochschulen von Belarus. Zu den Erstunterzeichnern gehören Jürgen Habermas, Axel Honneth, die ehemalige Präsidentin des Deutschen Bundestags Rita Süßmuth und viele andere bekannte Wissenschaftler und Intellektuelle.[46]

Schließlich entstanden nach dem Terror, den die Einsatzkräfte in den ersten Tagen nach der Wahl entfacht hatten, eine Reihe von Spendeninitiativen, die Geld für die Opfer der Gewalt sammelten, etwa die Stiftung *Zukunft Belarus* von Valeri Zepkalo, die Initiative *Imena* (Namen) oder die Plattform *Probono*. Über sie konnten verschiedene Gruppen ihre Spendenaufrufe abwickeln oder psychologische und juristische Hilfe anbieten. Die meisten Spenden sammelten *By_help* und der Solidaritätsfonds *BYSOL*.

Die Plattform *By_help* war bereits im Jahr 2017 gegründet worden, um Teilnehmern des »Marschs der Schmarotzer« zu unterstützen. Bereits damals war das Geld dafür verwendet worden, Bußgelder für die Teilnahme am Marsch zu bezahlen, Anwälte zu entlohnen oder Verwandte von verhafteten Teilnehmern zu unterstützen.

BYSOL wurde Mitte August vom Leiter der Stiftung *ByCovid*, Andrej Stryzhak, ins Leben gerufen. Zusammen gingen auf diesen beiden Plattformen in wenigen Tagen im August fünf Millionen Dollar ein, die für die Übernahme von Bußgeldern sowie die Unterstützung von

Opfern der Gewalt sowie von Entlassenen verwendet wurden.[47]

Die Leiterin der Initiative *Imena*, Katerina Sinjuk, die seit mehreren Jahren Wohltätigkeitsprojekte in Belarus leitet, teilte mit, dass in nur wenigen Tagen eine Million belarussische Rubel (320000 Euro) für die medizinische Versorgung der Opfer staatlicher Gewalt eingegangen waren, mehr als üblicherweise im Laufe eines Jahres für alle Projekte der Initiative zusammen.

Auf der u. a. mit Hilfe der Menschenrechtsorganisation *Human Constanta* gegründeten Plattform *Probono* fanden mehr als 250 Hilfsinitiativen zusammen, die die Suche nach Vermissten unterstützten, bei der Suche nach Anwälten halfen, Spenden sammelten und juristische, medizinische sowie psychologische Hilfe anboten. Mehr als 100 Freiwillige sorgten dafür, dass im Verlaufe von nur einem Monat mehr als 2500 Menschen geholfen werden konnte. Hilfsgesuche hatte es allerdings noch weit mehr gegeben.[48]

Eine wichtige Rolle bei der Koordinierung der Freiwilligenarbeit spielte die älteste und wichtigste Menschenrechtsorganisation in Belarus, das 1996 gegründete Zentrum *Wjasna* (Frühling). Die ehrenamtlichen Mitarbeiter von *Wjasna* arbeiten Tag und Nacht, um den Verwandten und Freunden von Verhafteten Informationen über deren Verbleib geben zu können. Ebenso wachen sie vor den Toren der Gefängnisse, um den Verhafteten sowie deren Angehörigen, Freunden und Kollegen jederzeit Hilfe anzubieten.

Hinzu kommen Initiativen, die gezielt Ärzte, Wissenschaftler, Künstler, Studenten oder Polizisten unterstützen, die den Dienst quittiert haben, weil sie Gewalt erlebt hatten. Eine Initiative zur Unterstützung von Sportlern gründete sich, nachdem mehr als 800 Sportlerinnen und Sportler im August einen offenen Brief unterschrieben hatten, in dem sie ein Ende der Gewalt und Neuwahlen unter fairen Bedingungen forderten. Sie wird seit Oktober 2020 von der Schwimmerin Anastasia Gerasimenja, zweifache Silbermedaillengewinnerin bei den Olympischen Spielen in London 2012, aus dem litauischen Exil geleitet. Zuvor war die Basketballerin Elena Lewtschenko, die bei der Weltmeisterschaft 2010 zur besten Center-Spielerin gekürt worden war, wegen Teilnahme an einer nicht genehmigten Massenveranstaltung zu zwei Wochen Haft verurteilt worden und im Gefängnis gezielt schlecht behandelt worden.

»Wir haben hier die Macht«

Quer durch alle Berufe und Milieus wurden Menschen für ihren Bürgermut mit Arreststrafen belegt, weil sie bei den Sonntagsmärschen gesellschaftliche Gruppen und deren Protest repräsentierten. Zum ersten Marsch in Minsk am 16. August kamen nach verschiedenen Schätzungen mindestens 200000 Menschen zusammen. Aber auch in Grodno, Gomel, Witebsk, Brest, Mogiljow, Orscha, Mosyr, Pinsk, Lida, Baranowitschi Bobrujsk, Swetlogorsk, Molodetschno, Nowopolozk und anderen Städten gingen Tausende auf die Straßen. Die Sonntagsmärsche waren der wichtigste Motor der Proteste.

In den ersten drei Wochen reagierte das Regime nur mit einzelnen Aktionen auf die Sonntagsmärsche und andere Protestaktionen. Die Machthaber setzten darauf, dass die Proteste rasch verebben würden, wenn sie sie ignorierten, statt sie niederzuschlagen. Gleichzeitig organisierte das Regime Veranstaltungen, bei denen Unterstützer von Lukaschenka auftraten.

Eine unentbehrliche Rolle bei der Organisation der Sonntagsmärsche spielten Telegram-Kanäle, insbesondere der Kanal NEXTA. Vor seiner Eröffnung 2017 hatte es schon zwei Jahre lang einen gleichnamigen YouTube-

Kanal gegeben. Gegründet wurde er von Stepan Putilo (Jg. 1998), der damals noch zur Schule ging, und dem drei Jahre älteren Journalisten Roman Protrasewitsch. Eines ihrer Ziele war es, die Sprache ihrer Generation zu sprechen, der entpolitisierten Millenials, der »Generation Next«. Zugleich wollten sie »jedermann« – belarussisch: »*nechta*« – eine Stimme verleihen. Bereits vor den revolutionären Ereignissen des Jahres 2020 hatte der Kanal ein großes Publikum. Eine Dokumentation über Lukaschenko wurde im Jahr 2019 drei Millionen Mal aufgerufen. Damals lebten Putilo und Protasewitsch bereits seit einem Jahr in Polen, weil ihnen in Belarus ein Strafverfahren wegen Präsidentenbeleidigung drohte.

In der Woche nach den Gewaltnächten vom 9. bis 11. August schnellte die Zahl der Abonnenten des Kanals von 315 000 auf zwei Millionen hoch. Dies hatte nicht zuletzt damit zu tun, dass die Behörden in diesen Tagen Internetseiten und den Zugang zu sozialen Medien sperrten, während sie auf den über Server im Ausland laufenden Telegram-Kanal NEXTA, der seine Informationen zu den Ereignissen in Belarus von Tausenden oder sogar Zehntausenden Menschen im Land erhielt, keinen Zugriff hatten.[49] NEXTA wurde zum zentralen Medium, um die Sonntagsmärsche anzukündigen und zu organisieren. Treffpunkte und Routen wurden bekannt gegeben, die die Protestierenden spontan änderten, wenn hochgerüstete Einsatzkräfte die Wege mit Spezialfahrzeugen und Stacheldraht blockierten. Wieder war es NEXTA als nahezu einziger Kanal, der den Sperrungen entging, über den die Menschen in Echtzeit von den neuen Routen erfuhren.

Entscheidend aber war nach einer Beobachtung des Social-Media-Forschers Gregory Asmolov nicht so sehr, dass die Proteste über NEXTA unter andere Telegram-Kanäle koordiniert werden konnten, sondern dass dort vor den Augen der Nutzer der Eindruck entstand, die Bewegung entwickle sich zu einer unaufhaltsamen Lawine. Die unzähligen Bilder und Kurzvideos, die die Menschen an NEXTA und andere Kanäle schickten, ließen den Protest allgegenwärtig erscheinen, vielstimmig, kreativ und von unerschöpflicher Energie.

Von großer Bedeutung war auch, dass diese Kanäle wie ein »horizontaler watchdog« wirkten. Jeder konnte sich an der Kontrolle des Regimes beteiligen. So erschienen unmittelbar nach Verkündung des offiziellen Wahlergebnisses Dutzende Hinweise auf Fälschungen. Entscheidend waren nicht die einzelnen Fakten, sondern das schiere Ausmaß. In den darauffolgenden Tagen quollen die Kanäle über von Bildern, die die Gewalt der Einsatzkräfte gegen friedliche Demonstranten dokumentierten. Im Minutentakt erschienen in den sozialen Netzwerken Belege für das brutale Vorgehen des Regimes, nicht nur auf den großen Plätzen der Städte, sondern auch in den Höfen, den Nebenstraßen und den Untersuchungsgefängnissen. Gesendet wurden sie buchstäblich von jedermann.

Asmolov spricht von einer »Umkehrung des Panoptikons«: »In einer Welt voller Sensoren beobachtet nicht nur der Staat seine Bürger, sondern diese beobachten auch den Staat.« Die unendliche Masse der Belege für die Gewalt befeuerte somit neue Proteste und eine allgemeine Aktivierung der Gesellschaft. Diese Belege könnten auch die Grundlage für eine juristische Aufarbeitung des Geschehens bilden.[50]

Fester Bestandteil der Sonntagsmärsche war der Auftritt einer Trommlertruppe, die den Protestierenden auf ihrem Zug durch die Straßen buchstäblich den Rhythmus vorgab. Künstlerische und performative Auftritte machten die Stadt zu einem öffentlichen Ort, zu einem »Erscheinungsraum – der als ein Zwischen jedes Mal aufleuchtet, wenn Menschen handelnd und sprechend beieinander sind, um sich urplötzlich wieder zu verdunkeln, wenn sie sich zerstreuen«.[51]

Nicht zufällig lauteten die wichtigsten Losungen der Sonntagsmärsche: »Wir haben hier die Macht« und »Dies ist unsere Stadt«. Sie zeigten, dass bei den Märschen und den vielen anderen Formen des Protests und der Solidarisierung ein neues kollektives Subjekt entstand: die belarussische Gesellschaft, bestehend aus aktiven Bürgern, die ihr Schicksal nicht länger einem illegitimen Staatsoberhaupt in die Hände legen und bereit sind, weiter für die Freiheit zu kämpfen, die eigene und die der anderen.

Am 26. Oktober wurde ein 24-jähriger Arbeiter des Minsker Elektronikunternehmens *Integral* wegen der Teilnahme an Streiks sowie an Protesten auf dem Platz der Unabhängigkeit festgenommen und zu 14 Tagen Haft verurteilt. Die Polizei verbreitete ein Video, in dem er beim Verhör erklärt, streiken sei eine »mühsame Angelegenheit«, und auf die Frage, was er den Bürgern empfehle, antwortet: »Jeden Morgen eine halbe Stunde joggen, aber nicht so gemächlich, sondern mit Volldampf.« Die Ausdrücke »mühsame Angelegenheit« und »mit Volldampf« wurden schnell zu neuen Losungen der Proteste, die mit tröstlicher Ironie wiedergaben, wie angespannt und gefährlich die Lage war, welche physischen und psychischen Kräfte die Bürger für ihr Engagement aufbringen mussten, auf das sie doch um keinen Preis verzichten wollten.

Der einsame OMON-Präsident

Am 16. August kam Lukaschenko wenige Stunden vor dem ersten Sonntagsmarsch auf den Platz der Unabhängigkeit, um sich an sein Volk zu wenden. Aus dem ganzen Land waren Menschen nach Minsk gebracht worden, um ihm zuzujubeln. Die Polizei hatte den Platz abgeriegelt. Lukaschenko schwadronierte von einer angeblichen Bedrohung aus dem Westen, vom Zerfall der Sowjetunion und seinen schlimmen Auswirkungen und erklärte, er würde es nicht zulassen, dass die Marionetten fremder Mächte das Land »in Stücke reißen«.

In den folgenden Tagen und Wochen organisierte das Regime immer wieder solche Auftritte im ganzen Land. Zu diesen Kundgebungen kamen manchmal Hunderte, sogar Tausende Menschen. Vielen von ihnen hatten die Behörden mit Entlassung und Verlust des Wohnheimplatzes gedroht, oder sie waren mit Geldversprechen und anderen Anreizen zur Teilnahme gelockt worden.[52] Unter den Augen der Polizei standen sie auf abgeschotteten Plätzen, um vorgegebene Parolen zu skandieren und sich als Vertreter jener gefährdeten sozialen Gruppen auszugeben, die Lukaschenko, der Garant der Stabilität, vor einer Wiederholung der Schrecken der 1990er Jahre schütze.

Zu einigen dieser Veranstaltungen, etwa zum Frauenforum »Für Belarus« im September, kamen Tausende Teilnehmerinnen. Stets wurden die Treffen geheim gehalten, erst als sie bereits im Gange waren, erfuhren die Menschen im Land davon. Unabhängige Journalist:innen wurden nicht zugelassen. Wer die aus dem ganzen Land hergeholten Menschen waren und wie sie rekrutiert wurden, blieb meist im Dunkeln. Dem Regime gelang es nicht, Kundgebungen zu seiner Unterstützung von unten zu initiieren, die Ausnahme war eine Gruppe von Menschen, die gelegentlich über die Hauptallee von Minsk marschierte.

Am 18. August verfügte Lukaschenko, dass 300 Polizisten der Einsatzkräfte, Männer also, die sich am Terror gegen die Zivilbevölkerung beteiligt hatten, mit der Verdienstmedaille »Für vorbildliches Verhalten im Dienst« ausgezeichnet werden.

Vier Tage später setzte er den Gouverneur des Gebiets Grodno ab, der sich zuvor zum Dialog mit der Gesellschaft bereit gezeigt hatte. Zu dessen Nachfolger ernannte er Vladimir Karanik, der bis dahin Gesundheitsminister gewesen war und sich aktiv an Lukaschenkos Corona-Leugnung beteiligt hatte. Auch in das Gebiet Brest schickte er einen neuen persönlichen Sondergesandten, den langjährigen KGB-Chef Valeri Wakulchik. Dies war Lukaschenkos Reaktion auf das Erwachen der Gesellschaft, das in Grodno und Brest besonders viele Menschen erfasst hatte.

Am 24. August erklärte Lukaschenko, er würde alle Betriebe, in denen gestreikt wird, schließen lassen. Einen Tag später wurde der orthodoxe Kirchenobere von Belarus, Metropolit Pawel, entlassen, der am 12. August zu Versöhnung aufgerufen hatte – das zuständige Moskauer Patriarchat versetzte ihn kurzerhand nach Russland.[53] Am 31. August verweigerte der Grenzschutz dem Vorsitzenden der katholischen Bischofskonferenz in Belarus, dem Erzbischof von Minsk-Mogiljow Tadeuz Kondrusiewicz, die Einreise. Kondrusiewicz ist belarussischer Staatsbürger und war als Amtsträger nach Polen gereist.

Auf den Streik von 300 Mitarbeitern der staatlichen Radio- und Fernsehgesellschaft reagierte Lukaschenko mit einer Massenentlassung. Um den Betrieb aufrechtzuerhalten, wurden aus Russland Journalisten und Techniker des Propagandasenders *Russia Today* eingeflogen, die in Anspielung auf Lukaschenkos Selbstbild eines Familienpatriarchen bald als »Vaterficker« bezeichnet wurden.

Am 17. August wurde der Direktor des Janka-Kupala-Theaters Pawel Latuschko entlassen. Nachdem sich die Angestellten und Schauspieler für ihn eingesetzt hatten, schlossen die Behörden zwei Tage später das Theater.

Am 2. September tauchte die Steuerfahndung im Büro des IT-Unternehmens *PandaDoc* in Minsk auf und verhaftete vier leitende Mitarbeiter. Gegen sie wurden Strafverfahren eröffnet. Das Motiv liegt auf der Hand: Der in San Francisco lebende Chef des Unternehmens, Mikita Mikado, hatte Mitte August unter dem Namen *Protect Belarus* ein Ausstiegsprogramm für Polizisten ins Leben gerufen. Wer sich weigerte, Menschen zu schlagen, und den Dienst quittierte, sollte finanzielle Hilfe erhalten. Hunderte Polizisten hatten sich gemeldet, einige Dutzend auch bereits Geld bekommen. Nach der Verhaftung seiner Mitarbeiter beendete Mikado allerdings das Programm und konzentrierte sich darauf, den 250 Angestellten von *PandaDoc* den Weg ins Exil zu ermöglichen.

Mitte August erhielt Lukaschenko einen Kredit aus Russland in Höhe von 1,5 Milliarden US-Dollar. Dieser diente zwar überwiegend der Tilgung fälliger Altschulden. Gleichwohl gab Putin damit zu erkennen, dass er Lukaschenko stützen würde.

Ende August änderte das Regime seine Taktik. Nun übte es mit gezielten Repressionen Druck auf die Protestbewegung aus. Organisatoren und Teilnehmer von Streikkomitees in den Betrieben wurden verhaftet, gegen die Mitglieder des Koordinierungsrats Strafverfahren eingeleitet und die führenden Repräsentanten, darunter Swetlana Alexijewitsch, zum Verhör gebracht. Auch bei den Sonntagsmärschen gingen die Einsatzkräfte ab dem 6. September anders vor. Sie sperrten frühzeitig alle möglichen Routen. Unmittelbar nach dem Ende des Marsches gingen sie brutal gegen Teilnehmer:innen vor, die nach Hause zurückkehrten wollten.[54]

Im Zusammenhang mit der Gewalt gegen friedliche Demonstranten in den ersten Tagen nach der Wahl wurde hingegen kein einziges Strafverfahren eröffnet, obwohl nach Angaben des Ermittlungskomitees bis zum 17. August mehr als 600 Menschen Anzeige wegen Körperverletzung bei der Festnahme und weitere 100 wegen Misshandlungen in Haft erstattet hatten.[55]

Am 23. September machte Lukaschenko alle Hoffnungen zunichte, er könne sich doch noch auf einen Kompromiss einlassen und einen Dialog mit Vertretern der Protestbewegung beginnen. In einer Geheimzeremonie ließ er sich zum »neuen Präsidenten« küren. Nichts war zuvor öffentlich bekannt gegeben worden, kein einziger ausländischer Botschafter war anwesend, lediglich eine handverlesene Gruppe von rund 200 Getreuen, die teils selbst nicht wussten, zu welchem Zweck sie in den Präsidentenpalast geladen wurden, wohnte dem Akt bei.[56]

Noch einmal hatte sich bestätigt, dass dieser »Sascha Ohnevolk« nur noch ein OMON-Präsident ist, wie er vom Volksmund seit dem 23. August genannt wurde. An diesem Tag hatte der Pressedienst des Präsidialamts nach dem zweiten großen Sonntagsmarsch Bilder veröffentlicht, auf denen zu sehen ist, wie Lukaschenko und sein Sohn in Schutzwesten und mit Gewehren bewaffnet einen Hubschrauber besteigen. Nach einem Patrouillenflug über der Stadt landete der Helikopter auf dem Platz der Unabhängigkeit, und Lukaschenko trat zu den Sondereinheiten vor dem Präsidentenpalast. Höhepunkt des Videos ist Lukaschenkos Behauptung, die Demonstranten seien geflüchtet, weil ihre amerikanischen und polnischen Auftraggeber sie vor seinem Kommen gewarnt hätten. Eine ängstliche Herde und ein Präsident, der Mut beweist…

Es gibt kein Zurück

Dieses Video, die Treffen der Lukaschenko-Getreuen, die heimliche Zeremonie und die ständig wiederholte Behauptung, die Proteste würde »morgen« vorbei sein, motivierten die Menschen erst recht, weiter auf die Straße zu gehen. Sie ließen sich auch von den immer neuen Repressionen nicht abschrecken: 3500 Personen wurden allein im September wegen Teilnahme an einer Demonstration verhaftet, mehr als 2700 von ihnen kamen nach dem ersten Verhör nicht frei.[57] Insgesamt wurden bis Ende Februar 2021 mehr als 30 000 Menschen zu ein- bis zweiwöchigen Arreststrafen verurteilt.

Immer neue Gruppen schlossen sich dem Protest an. Am 5. Oktober gingen erstmals Pensionäre unter dem Motto »Marsch der Weisheit« auf die Straße. Bis Ende Dezember setzten sie diese Montagsmärsche fort, obwohl das Regime die Einsatzkräfte teils mit Schockgranaten auf die alten Menschen feuern ließ und Einzelne aus dem Zug zerrte, um sie auf dem nächstgelegenen Polizeirevier zu verhören und einzuschüchtern.

Am 15. Oktober versammelten sich erstmals Menschen mit Behinderung zu einem »Marsch der (un)eingeschränkten Möglichkeiten«. Auch sie hielten bis in den Dezember durch. Eine der Teilnehmerinnen dieses Marsches, eine 33-jährige technische Redakteurin bei einem IT-Unternehmen, erklärte in einem Interview: »Wir haben bereits gesiegt. Am 9. August. Jetzt geht es darum, den Sieg nicht aus den Händen zu geben.«[58]

Diese Sicht ist in der Protestbewegung noch immer verbreitet. Zwei belarussische Genderforscherinnen, Alena Minchenia (Lund University) und Nadzeya Husakouskaya (Bergen University), haben darauf hingewiesen, dass im Ausland meist gefragt wird, wie lange der Protest noch aufrechterhalten werden könne, ob die Strategien aufgingen und wann sich wirklich etwas ändern werde in Belarus. Das sei aber gar nicht die entscheidende Frage. Denn die Protestierenden konzentrierten sich darauf, Solidarität und Gerechtigkeit in allen Bereichen der Gesellschaft zu verwirklichen und horizontale Organisationsstrukturen von unten aufzubauen. Sie seien unentwegt dabei, für finanzielle und emotionale Unterstützung zu sorgen.[59] In diesem Sinne habe die Revolution bereits stattgefunden. Die belarussische Gesellschaft habe sich fundamental verändert. Nach der gemeinsamen Erfahrung von Schmerz und Trauer sei das Rad nicht mehr zurückzudrehen.

Eine Pattsituation

Dies ist richtig und leider doch nur die halbe Wahrheit. Große Teile der Gesellschaft halten das Regime für illegitim.[60] Die Staats- und Regierungschefs der Europäischen Union erkennen Lukaschenko nicht mehr als legitimen

Präsidenten an. Für Großbritannien, die USA, Australien, Kanada und die Ukraine gilt dasselbe. Die Europäische Union hat drei Sanktionspakete gegen das Regime verabschiedet, ein viertes ist in Vorbereitung. Auch die USA haben mit dem »Gesetz über Demokratie, Menschenrechte und die Souveränität von Belarus« Ähnliches getan. Ein Schlag für Lukaschenko war auch der Entzug der Eishockey-Weltmeisterschaft, die im Mai 2021 in Belarus hatte stattfinden sollen.

Dennoch hält sich das Regime weiter an der Macht. Es ist der Gesellschaft nicht gelungen, Lukaschenko durch massive Arbeitsniederlegungen zum Rücktritt zu bewegen.[61]

Einer der wichtigsten Gründe dafür ist, dass die Menschen nicht wissen, wie sie ihre Haltung am Arbeitsplatz oder in anderen Institutionen durchsetzen sollen. So sagt etwa die IT-Spezialistin Swetlana, die ihre Arbeit an der Staatsuniversität in Minsk wegen Teilnahme an den Protesten verloren hat: »Wenn nur zehn Prozent der Dozenten einfach erklärt hätte, dass sie unter diesen Umständen nicht mehr arbeiten, dann wäre das System in die Knie gegangen. Aber die Leute wissen nicht, wie man sich als Bürger durchsetzt, sie haben gedacht, es reicht, wenn man den Rektor zu einem Gespräch auffordert. Aber was für ein Sieg ist das? Das ist absolut nichts.« Viele Dozenten seien nicht mehr die Jüngsten und hätten Angst, ihre Arbeit zu verlieren und dann keine neue mehr zu finden. »Sie sind für den Wandel, aber sie schweigen und machen weiter.«[62]

Vor allem fehlt es an Institutionen, die die Gesellschaft

handlungsfähig machen würden. Die Gewerkschaften etwa sind in Belarus kein Zusammenschluss der Arbeiter, sondern ein Instrument des Staates. Zwar gibt es schon lange unabhängige Gewerkschaften, doch das Regime hat sie konsequent unter Druck gesetzt. Dass inzwischen viele Menschen dennoch aus den regimetreuen Gewerkschaften in unabhängige Gewerkschaften gewechselt sind, ist eine der wichtigsten Folgen der Revolution.[63] Dieser Trend wird sich langfristig verstärken, wenn die Bürger weiterhin die Erfahrung machen, dass sie einander effizient unterstützen und ihre Interessen zum Ausdruck bringen können.

Der entscheidende Moment, um einen Umbruch herbeizuführen, wurde jedoch in den ersten zwei Wochen nach den Wahlen verpasst. Damals waren die Bedingungen so günstig wie nie, und doch ist es dem Regime gelungen, viele Menschen weiter einzulullen und einzuschüchtern. Die Protestbewegung hat das Repressionspotenzial des Regimes unterschätzt. Sie hat nicht gesehen, dass es vielen Menschen in Belarus an elementarem Wissen und an Praxis fehlt, um sich vor Gewalt zu schützen – jene »tägliche Praxis der Achtsamkeit, die sich der Gefährdetheit lebender Wesen annimmt«[64].

Dass der Moment verpasst wurde, zeigte sich auch am 26. Oktober, als nur wenige Anhänger Swetlana Tichanowskajas Aufruf zu einem »landesweiten Streik« folgten. Zu groß war gerade bei älteren Arbeitern und Angestellten die Angst vor einem Verlust des Arbeitsplatzes, zu unklar waren die Zukunftsaussichten.[65]

In einem Land für Demokratie zu kämpfen, in dem die

verschiedenen Gruppen der Gesellschaft ihre Interessen nicht artikulieren können, weil das Regime jede Form der horizontalen Koordination, selbst eine zivilgesellschaftliche, unterbunden hat, ist schwierig, aber nicht unmöglich. Viele, die im Namen der Protestbewegung aufgetreten sind, waren bereits in Parteien, Gewerkschaften und in der Zivilgesellschaft verankert. Maria Kolesnikowa kommt aus der unabhängigen Kulturszene, Sergej Tichanowski ist freier Journalist. Viele Menschen, die Swetlana Tichanowskaja unterstützten, hatten sich bereits zuvor in einer Partei engagiert, so etwa Olga Kowalkowa.

Aus der Gesellschaft heraus Zukunftsvorstellungen zu entwickeln, die den Menschen die Angst vor der Ungewissheit hätten nehmen können – dazu war es noch zu früh. Dies ändert aber nichts daran, dass die wichtigste Triebkraft der belarussischen Revolution die Gesellschaft in ihrer ganzen Vielgestaltigkeit war.[66] All die verschiedenen Teile der Gesellschaft, deren Vertreter gelernt haben und weiter lernen, sich zu solidarisieren und einander zu helfen, und nebenbei demokratische Verfahren eingeübt haben – sie brauchen weiterhin keine Führer, sie sind darauf vorbereitet, dass der Protest noch lange weitergehen wird. Denn als alles anfing, sind sie nicht nur auf die Straße gegangen, um »Nein« zu sagen, sondern um aus dem gemeinsamen Handeln mit anderen positive Energie zu ziehen.[67].

Die Gesellschaft muss noch lernen, dass friedlicher Protest nicht nur eine Taktik, sondern Gewaltfreiheit eine grundsätzliche Haltung ist, ein »Ethos«, um es mit Judith Butler zu sagen. Nur echter Pazifismus kann verhindern, dass die belarussische Gesellschaft auch nach einem möglichen Umbruch in ihrer autoritären Struktur gefangen bleibt. Dazu müssen alle Formen der Gewalt, von der häuslichen bis zur militärischen, die in Belarus durchaus hohes Ansehen genießt, einer kritischen Analyse unterzogen werden. Einige politische Gruppen, vor allem die anarchistische, zweifeln, ob friedlicher Widerstand wirklich der richtige Weg ist. Sie sind allerdings in der Minderheit.

Entscheidend für die Solidarisierung unter den Teilnehmern der Protestbewegung sowie unter ihren Anhängern[68] war, dass sie alle Wertedifferenzen ausklammerten. Fragen etwa, ob jemand religiös oder atheistisch war, ob er die sowjetische Vergangenheit radikal oder nur in ihrer stalinistischen Ausprägung ablehnte usw., spielten keine Rolle.

Spätestens wenn es an den Aufbau neuer Institutionen geht, werden diese Wertunterschiede zum Tragen kommen, und es ist wichtig, sie in allen Phasen dieses Prozesses zu berücksichtigen. Dafür müssen wir einen Modus für eine gewaltfreie Konfliktbearbeitung finden. Die Antwort auf die Frage, ob die Praktiken der Solidarisierung und des Networkings uns helfen, bei der Diskussion über solche Institutionen toleranter zu sein, hängt meiner Ansicht nach von dringend benötigten neuen demokratischen Dialog- und Kooperationsforen ab. Internationale Zusammenarbeit kann dabei eine wichtige Rolle spielen.

Bereits heute steht die belarussische Gesellschaft vor der Aufgabe, Bedingungen für das Auftreten neuer demokratischer Führer:innen zu schaffen. Ohne sie werden wir in Zukunft kaum auskommen; auch sie werden sich auf Teamarbeit und horizontale Kommunikation stützen müssen.

Das führt uns zurück zur Gendergleichheit. Sie ist ein Orientierungspunkt für die Entwicklung der Gesellschaft. Ohne reale, nicht nur deklarierte Gendergerechtigkeit lassen sich kaum die Bedingungen schaffen, um eine nicht nur oberflächliche und temporäre Beteiligung auf allen Ebenen des politischen, ökonomischen, gesellschaftlichen und kulturellen Lebens zu verwirklichen.

III
Auf dem Weg in eine postnationale demokratische Zukunft.
Versuch einer Konzeptualisierung

Der Anspruch, »Menschen genannt zu werden«

Schon im Frühsommer 2020, zu Beginn des Aufbruchs, war an verschiedenen Orten ein in Belarus sehr bekanntes Gedicht zu hören – »Wer geht da?« von Janka Kupala, dem Klassiker der belarussischen Literatur. Die Menschen, die in Gomel Solidaritätsketten bildeten, zitierten es und die Schauspieler des Kupala-Theaters in Minsk: »Was wollten sie, die ewig Unterdrückten, die Blinden und die Tauben? Menschen genannt werden.« Auch die Arbeiter der Raffinerie *Naftan* in Nowopolozk verwendeten den Vers in einer Videobotschaft, in der sie im August ein Ende der Gewalt und faire Neuwahlen forderten. Und viele andere mehr.

Die Beobachtung, dass die belarussischen Proteste dezentral, horizontal, ohne »Anführer« und ohne »Opposition« vor sich gingen; dass »Demokratie« und »Menschenwürde« als Themen der Protestmärsche und anderer Aktivitäten nicht vorkamen, haben die bereits erwähnten Genderforscherinnen Alena Minchenia und Nadzeya Husakouskaya mit der Allgemeinheit dieses Satzes in Verbindung gebracht. Seiner programmatischen Undeutlichkeit entspricht die Indifferenz gegenüber der Sprachenfrage – Russisch oder Belarussisch als Distinktionsmerkmal tauchte kaum auf. Die Leute sprechen die Sprache ihres Alltags, ohne damit ein Bekenntnis zur Nation zu verbinden. Zur Erklärung greifen die beiden Autorinnen auf den Begriff »Hiesigsein« (*tutejschasz*) zurück, ebenfalls aus einem Kupala-Gedicht. Das Wort bezieht sich auf das um die Wende zum 19. Jahrhundert entstandene Selbstverständnis der Menschen in Belarus als »Hiesige« (*tutejschy*). Die Menschen identifizierten sich nicht als Angehörige einer bestimmten Nation, sondern als »die Leute von hier«.[1] Dies hatte damit zu tun, dass verschiedene Regionen des heutigen Belarus im Verlauf ihrer Geschichte unterschiedlichen Staatsgebilden in Mittel- und Osteuropa angehört hatten, darunter dem Großfürstentum Litauen, der polnischen Adelsrepublik (Rzeczpospolita), dem Russländischen Imperium und der Sowjetunion. Auch die Grenzen und die Titularnationen änderten sich. Daher »entstand in verschiedenen Bevölkerungsgruppen, unter anderem auch zwischen verschiedenen Generationen, ein unterschiedliches, ›ungleichmäßiges‹ Verständnis der ›eigenen‹ Kultur, Sprache, Religion, Gesetze, Literatur, usw.«.[2]

»Leute von hier«, »ewig Unterdrückte«, die nichts anderes wollen, als »Menschen genannt zu werden« – diese Selbstwahrnehmung war für alle, die im Sommer 2020 auf die Straße gingen, virulenter als die Fragen nationaler Identität, wie sie sich bei den Protesten früherer Jahre artikulierten. Ging es damals um die sprachlich-kulturellen Wurzeln einer belarussischen Nation, so spielte die nationale Identität bei der Bildung breiter, auf Solidarität beruhender Allianzen kaum mehr eine Rolle. Auch die Abwesenheit antirussischer und proeuropäischer Rhetorik fügt sich in dieses Bild. Statt von Nation möchte ich lieber von einer höchst heterogenen und gleichzeitig vernetzten Gemeinschaft sprechen – einer Gemeinschaft, »die«, wie die Autorinnen es formulierten, »in einer Situation äußerster Unsicherheit und bedrohlicher Gewalt von Seiten des Staates entstand, als Solidarität und wechselseitige Hilfe lebenswichtig waren«.

✳

Der französische Historiker Pierre Rosanvallon beschreibt die nachlassende Bindekraft politischer Parteien in den spätmodernen Gesellschaften und konstatiert eine Veränderung des traditionellen Begriffs der Mehrheit (im Sinne der Wählermehrheit), die sich seiner Meinung nach in der zweiten Hälfte der 2000er Jahre vollzogen hat. Es handelt sich bei dieser Mehrheit nicht mehr um »eine durch ihre Rechte legitimierte Anzahl von Bürgern«, sondern um Menschen, die sich nicht mehr repräsentiert fühlen – eine »negative, beständig fluktuierende Summe von Missachtungen, Entrechtungen und Prekaritäten«.[3] Sie fühlen sich als Minderheit und teilen Erfahrungen als ignorierte, nicht ernst genommene Opfer. Ihnen allen wird Aufmerksamkeit verwehrt. Hallt nicht der Anspruch, »Menschen genannt zu werden«, in solchen Überlegungen nach?

In diesen Kontext möchte ich Rosanvallons Begriff der »Emanzipation« stellen. Er spricht davon, dass in den spätmodernen Gesellschaften noch immer Lebensformen unsichtbar bleiben, die von zutiefst ungerechten Existenzbedingungen betroffen sind. Das Streben nach Freiheit und

Gleichheit stößt hier auf ganz neue Hindernisse und erfordert deshalb auch neue Formen der Auseinandersetzung. Emanzipation beginnt dann mit dem Gefühl, »dass man wahrgenommen wird, dass jedes einzelne Leben gesellschaftlich zählt«. Ihren Ausdruck findet sie in einer Politik der Präsenz. »Präsenz«, fährt Rosanvallon fort, »verleiht der [demokratischen] Repräsentation gleichzeitig den Charakter der Beständigkeit. Die Macht wird gleichsam immanent, durchdringt die Gesellschaft, ist eins mit ihren Entwicklungen: Durch die Abschaffung der Distanz entsteht eine neue demokratische Zeitdimension [...] Damit führt die empathische Macht einen Ausdruck von demokratischer Allgemeinheit ein, eine Art universelle Fürsorglichkeit, alltägliche Vertrautheit, die Herstellung eines Raums ohne Ungleichheit. Demokratie, umfassende Partizipation, eine tägliche Befreiung von Zwang und die Schaffung von hierarchiefreien Räumen.«[4]

Rosanvallons kritische Auseinandersetzung mit der repräsentativen Demokratie aus der Perspektive einer Politik der Präsenz trifft sich mit dem Selbstverständnis der Protestierenden in Belarus. Sie haben Demokratie im Zuge der Proteste selbst praktiziert und damit auf die Gewalt und die Verachtung des Staates bzw. des Staatsapparates geantwortet. Die aktiven Bürger sind vor allem füreinander sichtbar und hörbar geworden. Sie kämpfen weiter um eine Verstärkung ihrer Anwesenheit, während Lukaschenko die Sichtbarkeit der erwachten, veränderten Gesellschaft permanent verneint. Die gewalttätige Reaktion des Staatsapparats hat die Verletzlichkeit der belarussischen Bürger ins Zentrum der Proteste gerückt und sie zur Fortsetzung des Kampfes, des Widerstandes, der Solidarisierung und Sorge umeinander motiviert. Im OSZE-Bericht vom 29.10.2020 wurde diese staatliche Gewalt als Verbrechen gegen die Menschlichkeit und als Verletzung der menschlichen Würde interpretiert.[5]

Diskussionen über Menschenrechte und Menschenwürde haben in den letzten Jahren auch außerhalb von Belarus an Intensität zugenommen. Für Jürgen Habermas sind es die Erfahrungen der verletzten menschlichen Würde, die den Anstoß gaben, um Menschenrechte weltweit zu institutionalisieren. Auf neue Formen der Exklusion, der Verelendung und der Diskriminierung, die aus den ökonomischen Krisen der vergangenen dreißig Jahre entstanden sind, reagieren die Staaten mit der Schaffung neuer oder der Ausweitung existierender Rechte. »Die Erfahrung verletzter Menschenwürde hat eine Entdeckungsfunktion – etwa angesichts unerträglicher sozialer Lebensverhältnisse und der Marginalisierung verarmter sozialer Klassen; angesichts der Ungleichbehandlung von Frauen und Männern am Arbeitsplatz, der Diskriminierung von Fremden, von kulturellen, sprachlichen, religiösen und rassistischen Minderheiten; auch angesichts der Qual junger Frauen aus Immigrantenfamilien, die sich von der Gewalt eines traditionellen Ehrenkodexes befreien müssen; oder angesichts der brutalen Abschiebung illegaler Einwanderer und Asylbewerber.«[6] Auch in Belarus, wo das Regime heute die gesamte Gesellschaft mit brutalen Repressionen überzieht und fortwährend gegen Menschenrechte verstößt, hat die verletzte Menschenwürde »Entdeckungsfunktion«: Das Heraustreten verschiedener gesellschaftlicher Gruppen in den öffentlichen Raum hat nicht nur gezeigt, wie extrem verwundbar die gesamte Gesellschaft im Angesicht des Machtapparats ist, sondern auch die spezifischen Formen der Verfolgung verschiedener Gruppen offengelegt, wenn etwa Eltern, die sich an den Protesten beteiligten, die Elternrechte genommen wurden oder wenn protestierende Studenten zur Armee einberufen wurden, nachdem sie von ihrer Universität verwiesen worden waren (Studenten sind für die Zeit ihres Studiums von der Wehrpflicht ausgenommen). In besonderem Maß gilt das für die Frauen.

Komplementär dazu hat die Revolte eines beträchtlichen Teils der belarussischen Gesellschaft gegen den autoritären Paternalismus dazu geführt, dass immer neue Formen der Solidarität und der gegenseitigen Unterstützung notwendig geworden sind, auf die das autoritäre Regime seinerseits mit immer neuen Formen der Repression und der Unterdrückung reagiert hat.

Revolution-in-progress – ein Vergleich

Dass Bürger sich von ihrer Regierung betrogen und als politische Subjekte missachtet fühlten, war auch der Auslöser der ukrainischen »Revolution der Würde« im Winter 2013/2014. Doch in vielerlei Hinsicht unterscheiden sich die Ereignisse in unseren Ländern fundamental. Der Auslöser der Proteste auf dem Kiewer Maidan waren nicht gefälschte Wahlen, sondern die verweigerte Unterschrift unter das bereits ausverhandelte EU-Assoziierungsabkommen durch den ukrainischen Präsidenten Viktor Janukowitsch.

Eine geopolitische Richtungsentscheidung zwischen Europa und Russland spielte in Belarus keine Rolle. Die Proteste in der Ukraine richteten sich jedoch auch gegen Korruption und gegen den erniedrigenden Umgang von Behörden und Verwaltung mit den Bürgern. Darin sind sie den belarussischen verwandt.

Die politischen Systeme beider Länder weisen erhebliche Unterschiede auf. In der Ukraine hatte es die Gesellschaft mit einem hybriden Regime zu tun, in dem westliche Institutionen neben informellen (neopatrimonialen, clanartigen) und formellen (Parlamentarismus, Mehrparteiensystem, Ideenpluralismus) Institutionen postsowjetischen Typs existierten.[7] In Belarus hingegen handelt es sich um ein autoritäres Regime mit einem streng hierarchischen Staatsapparat, ohne politischen Wettbewerb. Zugleich ist das belarussische Regime Teil der vernetzten globalen Welt und zog daraus bis noch vor kurzem Vorteile, indem es die geographische Lage zwischen den geopolitischen Spielern Russland und Europäische Union zu seinen Gunsten zu nutzen versuchte. So konnte Lukaschenko sich der Welt im Februar 2015 als Gastgeber der Minsker Verhandlungen über die Beilegung des kriegerischen Konflikts im Donbass präsentieren.

Anders als der Maidan wies die armenische Protestbewegung eine geopolitische Dimension ihrer Ziele von sich. Darin sind die jüngsten Ereignisse in Belarus und die Revolution in Armenien im April 2018 einander vergleichbar.

Die Proteste begannen, nachdem Sersch Sargsjan Mitte April von einer Mehrheit der Abgeordneten im armenischen Parlament zum neuen Ministerpräsidenten gewählt worden war. Sargsjan war zuvor zehn Jahre lang Präsident gewesen, seine Amtszeit lief im Februar 2018 ab. Eine erneute Kandidatur hatte die Verfassung ausgeschlossen. Um seine Macht zu sichern, war jedoch bereits im Jahr 2015 mit einem Verfassungsreferendum die Direktwahl des Präsidenten abgeschafft worden. Die Kompetenzen des Präsidenten wurden beschnitten und auf den Ministerpräsidenten übertragen. Sargsjan hatte damals erklärt, er würde nach Ablauf seiner Amtszeit nicht von dem einen Amt ins andere wechseln. Als er genau dies im April 2018 tat, brach ein Proteststurm los. Bis zum 8. Mai, als der Anführer der Protestbewegung, Nikola Paschinjan, vom Parlament zum neuen Ministerpräsidenten gewählt wurde, gingen insgesamt 200 000 Menschen in Jerewan und anderen Städten des Landes auf die Straße.[8]

*

Wie in Minsk so waren auch in Jerewan Begriffe wie »Solidarität« und »Toleranz« von zentraler Bedeutung. »Auf die Versuche der Polizei, Demonstranten zu verhaften, streckten diese den Polizisten mit einem Lächeln auf den Lippen die Hände entgegen, auf dass sie ihnen Handschellen anlegen mögen. Die protestierenden jungen Frauen traten an die Beamten, die ihnen den Weg versperrten, heran, und als sie verhaftet werden sollten, umarmten sie die Polizisten.«[9]

Bei den Protesten und Aktionen spielte eine neue Generation von Frauen eine wichtige Rolle. Dass sie sich der traditionellen männlichen Macht entgegenstellte, hatte nicht nur eine politische, sondern auch eine Genderdimension.

Während der Hochphase der belarussischen Proteste veranstalteten wir ein Seminar mit armenischen Kollegen, um die Ereignisse zu kontextualisieren und einzuordnen. Ruben Areshvatyan und Nazareth Karoyan, Kuratoren und Experten für zeitgenössische Kunst, sowie die Menschenrechtsaktivistin Zara Hovhannisyan schlugen vor, mit dem Begriff *revolution-in-progress* zu arbeiten, den sie für sich fruchtbar gemacht haben.[10]

Um die revolutionären Ereignisse in Armenien 2018

historisch zu verankern, verweisen sie auf die Proteste im Jahr 1996. Damals gingen nach Bekanntgabe der Ergebnisse der Präsidentschaftswahlen, die nach offiziellen Angaben Lewon Ter-Petrosjan gewonnen hatte, einige Hundert Menschen auf die Straße. Einen Rücktritt von Ter-Petrosjan, der nach Auffassung der Opposition nur durch massive Wahlfälschung im Amt bestätigt wurde, konnte sie jedoch nicht erzwingen. 2008 gingen erneut hunderttausende Menschen gegen die Ergebnisse der Präsidentschaftswahlen auf die Straße. Dieses Mal waren es die Anhänger von Ter-Petrosjan, der 1998 zurückgetreten war. Auf die Demonstranten wurde geschossen, zehn Menschen starben, hunderte mussten in Krankenhäuser eingeliefert werden.[11]

Doch die Demonstranten konnten das Regime nicht zu Zugeständnissen zwingen. (Dies unterscheidet die Ereignisse in Armenien etwa von der Orangenen Revolution in der Ukraine im Jahr 2004.) Im Laufe der folgenden zehn Jahre entwickelte sich gleichwohl eine vielgestaltige NGO-Szene. Sie beschäftigte sich mit urbanistischen, feministischen und menschenrechtlichen Fragen und wirkte bei der Lösung einer Vielzahl von sozialen und kommunalen Problemen mit. Unaufhaltsam wuchs sie zu einer neuen, friedlichen gesellschaftlichen Kraft heran, auf die sich Nikola Paschanjan im April 2018 stützen konnte.

Mit seiner Machtübernahme nach den Massenprotesten war die Revolution »dennoch nicht zu Ende. Ein Teil des Volkes sieht die Welt nun mit anderen Augen. Was den Machtwechsel betrifft, so kann man sagen, dass nur die Spitze der Exekutive ausgetauscht wurde. Das mittlere

Glied, die kommunalen Behörden, haben sich nicht verändert, von der Legislative erst gar nicht zu sprechen. Und natürlich ist das Allerschwierigste die Judikative.«[12]

✳

Hinsichtlich der Veränderung oder der Emanzipation der armenischen Gesellschaft handelte es sich um eine weitere Etappe der *revolution-in-progress*. Die Kehrseite dieser transformativen Prozesse sehen wir in Armenien wie in Belarus. Die angestrebte Erneuerung des politischen Systems hat nicht stattgefunden. Der grundlegende Reformprozess konnte nicht eingeleitet werden. Die Gesellschaft verfügt über keinerlei Kontrollmechanismen, um den willkürlichen Maßnahmen des Staatsapparates Einhalt zu gebieten. Aber die vitale Forderung der emanzipierten Gesellschaft nach demokratischen Veränderungen ist irreversibel. Deswegen und in diesem Sinne geht die Revolution weiter.

Dieses Faktum verbindet Belarus und Armenien. Offensichtlich gehören in diese Reihe weitere Länder der ehemaligen Sowjetunion, in denen »ein hybrides Regime mit einer Mischung aus westlichen Institutionen und postsowjetischen formellen und informellen Institutionen« fortbesteht, während die Gesellschaft weiterhin nicht nur gegen die konsolidierte Machtvertikale kämpft, gegen die Monopolisierung der Macht, die Korruption und die Tendenzen zur »Demodernisierung« im Sinne des Versuchs, erneut eine autoritäre Herrschaft zu installieren, sondern auch für ihre Würde und ihre Grundrechte. An diesem

Kampf nehmen immer mehr Gruppen teil. Gleichzeitig folgt, wie Nazaret Karojan feststellte, jedes Land im Kampf um Demokratie und fortschreitende soziale Emanzipation einem eigenen Weg, eigenen Etappen, dem eigenen Rhythmus von Ebbe und Flut.[13]

Freiheit, Gleichheit, Schwesterlichkeit im 21. Jahrhundert

Auch in Belarus begann ein Teil der Gesellschaft sich selbst anders wahrzunehmen: Frauen, LGBT-Personen, ältere Menschen, Menschen mit Behinderungen, verschiedene Berufsverbände und viele andere haben für ihre Sichtbarkeit gesorgt und erklärt, dass sie der autoritären Macht nicht mehr gehorchen wollen. Sie streben nach Befreiung von der paternalistischen und patriarchalischen Macht. Damit entstand eine neue Idee der belarussischen Gesellschaft von sich selbst als einer inhomogenen, aus vielen Gruppen bestehenden Gemeinschaft, die sich auf die Solidarität innerhalb einer Gruppe und zwischen den Gruppen stützen kann.

Gesellschaftliche Emanzipation, schreibt die Philosophin Susanne Lettow, lässt sich verstehen als »eine Politik der Subjektivierung, in deren Verlauf es zu einer Selbstverwandlung der Individuen und der Kollektive kommt, die auch die Affekte, die Wünsche und die Bedürfnisse betrifft. Die Folge sind soziale Veränderungen – und umgekehrt.«[14] Die spezifischen Formen der Unterdrückung, der die Menschen in Belarus ausgesetzt sind, wurden noch nie so sichtbar wie heute. Subjektivierung bedeutet, sie in ihren Unterschieden und Überschneidungen wahrzunehmen und eine gemeinsame politische Sprache im Kampf um Emanzipation zu finden. Es geht vor allem um Protest und um den Prozess der Solidarisierung, nicht um die Institutionalisierung von bestimmten Strukturen. In diesem Sinn verstehe ich Subjektivierung als Übernahme von Verantwortung für die Verwaltung des kollektiven Lebens. Die Befreiung von der paternalistischen Macht geht mit der Suche nach einem kollektiven Selbstverständnis einher –, im Sinne einer Selbst-Transformation, die für Emanzipation in ihren verschiedenen Bedeutungen – von Kant bis Ernesto Laclau und Nancy Fraser – entscheidend ist.

Die aktive Beteiligung von Frauen an diesem Kampf verändert die Formen des Protests. Frauen sind weit stärker als Männer in unmittelbare Situationen der familiären und häuslichen Fürsorge und des Sich-Kümmerns involviert und haben deshalb auch in den Sorge-Verhältnissen ein emanzipatorisches Potenzial entdeckten. Isabell Lorey erinnert in ihrem Entwurf einer queer-feministischen politischen Theorie an den Sorgestreik, der im Rahmen der Zusammenarbeit von Frauen, die sich 2002 während des Generalstreiks in Spanien zusammenschlossen, als Konzept vorgeschlagen wurde: »Traditionellerweise wird der Streik als Aussetzen der Arbeit verstanden, um sich als Klasse zu formieren, die Gewerkschaften zu stärken und bessere Arbeitsbedingungen zu erkämpfen. Beim Sorgestreik geht es dagegen nicht darum, die Sorge zu unterbrechen, sondern an vielen Orten, in vielen Beziehungen und an Tagen wie dem 8. März mit vielen gemeinsam die umfängliche Abhängigkeit von Sorge sichtbar zu machen, Sorgetätigkeiten im Überfluss zu geben, neue Sorgebeziehungen zu erfinden und mit ihnen zu experimentieren.«[15] Die »Fülle der Sorge«, so folgert Lorey, werde »aus den Häusern auf die Straße, über die Grenzen und in die Versammlungen getragen, um Ausgangspunkt für jegliche Veränderung der Welt zu werden, die Prekarisierung und Prekarität Einhalt gebietet und das Prekärsein im Prekär-Werden bewahrt – in alinearen Verbundenheiten, transversalen Konstellationen, in den Bewegungen einer neuen Form von Demokratie«.[16]

Ist nicht der Sorgestreik die dominante Form des Protests in Belarus? Und erklärt er nicht, warum der im Oktober von Swetlana Tichanowskaja angekündigte »Generalstreik des ganzen Volkes« vorerst gescheitert ist? Oder anders gesagt: in einer Situation, in der die traditionellen Instrumente zur Verteidigung der eigenen Rechte, etwa Gewerkschaften, fehlen und der Staat die Gründung und Entwicklung solcher Strukturen gewaltsam verhindert, bleibt die Entdeckung neuer Spielarten der gegenseitigen Unterstützung die wichtigste Form der Proteste.

Das gilt für diejenigen, die ihre Arbeit innerhalb des staatlichen Systems nicht unterbrechen können, weil sie Verantwortung für Kinder tragen oder wie im Fall der studierenden Männer Gefahr laufen, in die Armee eingezogen zu werden. Sie verzichten nicht darauf zu kämpfen. Sie suchen nach neuen Formen, den Kampf weiterzuführen und sich mit den von Repressionen Betroffenen zu solidarisieren. Das betrifft auch die Verantwortung für die existierenden Institutionen, z. B. Universitäten oder Krankenhäuser, da diese vom Staatsapparat weiterhin angegriffen werden. Für die sich emanzipierende belarussische Gesellschaft bedeutet der Sorgestreik eine neue Form der politischen Selbstbestimmung – den Versuch, innerhalb und außerhalb der existierenden Institutionen neue Spielräume zu schaffen für freie, gleiche und sich umeinander kümmernde Bürger, die früher einfach nicht wahrgenommen wurden.

Wie verhalten sich die Ziele der gesellschaftlichen Emanzipation in Belarus, zu der die Revolution den Anstoß gegeben hat, zu den politischen Forderungen, die auf den Märschen zu hören waren?

Schon am Vorabend der Wahl vom 9. August waren Rechtsstaatlichkeit, faire Wahlen und ein möglicher Machtwechsel die zentralen Forderungen auf den Kundgebungen zur Unterstützung des Vereinigten Teams. »Es ging nicht um konkurrierende Programme oder politische Ideen«, so die belarussische Politikwissenschaftlerin Natalja Wasilewitsch, »es ging um die Regeln des Spiels selbst. Die Teams der Gegenkandidaten haben sich für eine einzige, vorrangige Aufgabe zusammengeschlossen – die Abhaltung fairer Wahlen. Wenn sie es schaffen, Lukaschenko zu stürzen und diese Wahlen abzuhalten, werden sie sich danach höchstwahrscheinlich untereinander bekämpfen. Aber jetzt definieren wir die Grundlagen des Staats und einer Verfassungsordnung, in der das Gesetz und die Menschenrechte eingehalten werden.«[17]

Diese Forderungen entsprachen dem Pathos der gesellschaftlichen Aktivierung, dem Willen der Menschen, nicht länger machtlose Untertanen eines autoritären Staates zu sein, ihrem Anspruch, aktive und mündige Bürger zu werden, frei von autoritärer Tyrannei und gleich vor dem Gesetz. Die belarussische Künstlerin Anna Redko widmete ihre Arbeit »Im Bauch des Gefangenentransporters kommt der Bürger zur Welt« aus ihrer »roten Serie« dieser neuen Erfahrung.[18]

Nehmen wir aber die Bedeutung der horizontalen Dimension des Networkings und der Sorge hinzu, so ging es doch um eine politische Idee. Aus feministischer Perspektive könnte diese Idee auf die Formel »Freiheit, Gleichheit, Schwesterlichkeit« gebracht werden, in der zum Ausdruck kommt, dass verschiedene Gruppen in ihrem Kampf für die Freiheit unterschiedliche Bedingungen haben. Sie zu berücksichtigen ist die Voraussetzung dafür, dass alle Stimmen in der Gesellschaft gehört werden, nicht nur ihre privilegierten Bürger und Gruppen. Es geht dabei auch um die Frage, inwieweit diese Berücksichtigung von Unterschieden in den Begriff der Nation oder der nationalen Gemeinschaft im Sinne Benedict Andersons eingeht.

»Es lebe Belarus!«
und die weiß-rot-weiße Fahne

Von der belarussischen Protestgesellschaft als einer »nationalen Gemeinschaft« war erstmals im Zusammenhang mit der Losung »Es lebe Belarus!« (Shywe Belarus!) und dem Aufstieg der weiß-rot-weißen Fahne als ihrem zentralen Symbol die Rede. Bis zum Sommer 2020 wurde beides überwiegend von der politischen Opposition verwendet, in deren Programm die Idee einer Wiedergeburt der belarussischen Nation eine zentrale Rolle spielt. Sie grenzt sich von der sowjetischen Vergangenheit einerseits und der russischen Kultur andererseits ab; Letztere wird als Hauptquelle für die Negierung belarussischer Kultur gesehen.

Wer »Es lebe Belarus!« rief, verwies auf die wichtigste Zeit der belarussischen Nationsbildung im ersten Drittel des 20. Jahrhunderts. Bekannt wurde der Ausruf durch das Gedicht »Dieser Ruf, es lebe Belarus« von Janka Kupala aus den Jahren 1905-1907. Die seit 1906 in Vilnius erscheinende Zeitung der belarussischen Nationalbewegung *Nascha Niwa* (Unser Feld) griff ihn auf. In den 1920er Jahren erschien er in der Variante »Es lebe das sowjetische Belarus!«. Während der nationalsozialistischen Besatzung

1941-1944 verwendeten den Ruf sowohl Partisanen als auch Kollaborateure, insbesondere das Weißruthenische Jugendwerk, eine vom Generalkommissar des Bezirks Weißruthenien Wilhelm Kube in Anlehnung an die Hitlerjugend aufgebaute Organisation zur Rekrutierung von jungen Freiwilligen für Arbeitseinsätze im Reichsgebiet.

Nach dem Zweiten Weltkrieg wurde die Losung nur noch in der belarussischen Emigration verwendet, etwa als Titel einer Zeitschrift. In der belarussischen Sowjetrepublik kam der Ruf außer Gebrauch. Erst Ende der 1980er Jahre, mit dem Erstarken der Nationalbewegung und der Partei »Belarussische Volksfront« (BNF), tauchte er wieder auf.[19]

Unter dem Einfluss der BNF unter Senon Posnjak, der seit 1996 aus Furcht vor Repressionen des Lukaschenko-Regimes in der Emigration lebte, blieb der Slogan für lange Zeit Symbol für die unterschiedlichsten nationalistischen Agenden. Die Gesellschaft verband ihn mit der Opposition, von der sich die Mehrheit aufgrund des beschriebenen vertikalen Sozialvertrags mit dem Regime fernhielt.

Ihre Erfolglosigkeit zeigte sich auch am Verhältnis der meisten Belarussen zur belarussischen Sprache, deren umfassende Verwendung ein wichtiges und ab Mitte der 1990er Jahre das wichtigste Ziel der national gesinnten Opposition war. Nach seinem Wahlsieg 1994 machte Lukaschenko die in den Jahren zuvor verabschiedeten Sprachgesetze zur Förderung des Belarussischen rückgängig. Mit einem Referendum im Jahr 1995 nahm er dem Belarussischen den Status der einzigen Staatssprache, der ihm in der Verfassung von 1994 zugeschrieben worden war. Nun war auch das Russische wieder Staatssprache in Belarus. Das Belarussische wurde zwar an Schulen mit Unterrichtssprache Russisch als obligatorische »zweite Muttersprache« gelehrt, im Alltag, insbesondere im beruflichen Leben und im Kontakt mit Behörden, spielte es jedoch kaum eine Rolle. Gleichzeitig entwickelte sich in der unabhängigen Kulturszene eine neue Literatur in belarussischer Sprache. Im Jahr 2017 ging nur einer von zehn Schülern im ganzen Land auf eine Schule, in der das Belarussische Unterrichtssprache ist. Wer das Belarussische zu seiner Hauptsprache machen wollte, geriet in Konflikt mit den Behörden. Diese weigerten sich, Formulare und Briefwechsel auf Belarussisch zu akzeptieren, oder schlossen Klassen mit Unterrichtssprache Belarussisch, weil es angeblich zu wenig Interesse gab.

Die Situation änderte sich in der zweiten Hälfte der 2000er Jahre, als der vertikale Sozialvertrag zu erodieren begann und sich gleichzeitig so etwas wie eine Mittelschicht bildete. Eine wesentliche Rolle spielte auch die Abdrängung aller politisch aktiven Bürger in die Bereiche des sozialen Engagements und der Kultur. Eines der wichtigsten Ziele der unabhängigen Kulturszene wurde die Verbreitung der belarussischen Sprache und der nationalen Kultur. Sie sollte nicht mehr politisch, d.h. als Sprache der Opposition konnotiert sein, sondern einfach nur eine breite Verwendung im Alltag finden. Besonderen Erfolg hatten die kostenlosen Sprachkurse des Programms »Mowa Nanowa« (etwa: Neustart Sprache), die ab 2014 zunächst in Minsk und dann in 14 weiteren Städten des Landes angeboten wurden. Auf der Internetseite des Projekts wird explizit erklärt, dass es nicht um Politik gehe und man in den Kursen auch nicht über Politik sprechen werde.[20]

Ebenfalls im Jahr 2014 öffnete der Internetshop »Symbal.by«. Er wurde später um ein Ladengeschäft erweitert, in dem man Souvenirartikel mit nationaler Symbolik erwerben konnte. Der Inhaber, Pawel Belous, hatte bereits 2011 mit Franak Viačorka den Kunstraum »Art-Sjadsiba« gegründet. Im August 2020 wurde Belous Mitglied des Koordinierungsrats. Viačorka ist seit September 2020 außenpolitischer Berater von Swetlana Tichanowskaja in Vilnius. Im »Art-Sjadsiba« traten auch Künstler auf, die das Regime bedrängte, etwa der Musiker Ljawon Wolski. Nach einem Jahr schlossen die Behörden den Kunstraum. An diesen Vorgängen lässt sich ablesen, wie der unabhängige Teil der Gesellschaft der »nationalen Kultur« Sinn einflößte; wie diese Kultur und die »nationale Gemeinschaft« besonders für junge Menschen inklusiver und attraktiver wurden.

✳

Eine »weiche Belarussifizierung« wie in der unabhängigen Kulturszene wurde in den 2010er Jahren auch vom Staat vorangetrieben. Seine Geschichtspolitik verwob Elemente der europäischen Vergangenheit unseres Landes geschickt mit dem dominant prosowjetischen Narrativ. Das war etwas Neues, stand doch und steht bis heute der »Sieg des sowjetischen Volkes im Großen Vaterländischen Krieg«

im Mittelpunkt von Lukaschenkos offizieller Ideologie. Die Notwendigkeit, sich auf die vorsowjetische und damit überwiegend europäische Geschichte von Belarus zu beziehen, als das Territorium des Landes Teil des Großfürstentums Litauen und der Rzeczpospolita war, ergab sich aus der Verschlechterung der Beziehungen zu Russland und der Notwendigkeit, als Reaktion darauf die proeuropäischen Bestrebungen des politischen Regimes zu unterstreichen.

Dieser Trend nahm vor allem architektonisch Gestalt an. So wurde etwa in Minsk das 1857 abgerissene historische Rathaus nach alten Plänen rekonstruiert. Zwei Jahre später, 2004, begann man mit dem Wiederaufbau des »Hotels Europa«, der sich stilistisch an einem früheren Gebäude gleichen Namens orientierte (bis 1941 hatte es seine Gäste an einem anderen Ort empfangen). Im Jahr 2012 wurden im ältesten Teil der Stadt, dem Viertel zwischen den Straßen Nemiga und Sybizkaja, dichtstehende Häuser mit niedriger Traufhöhe errichtet, die an das Minsk des 19. Jahrhunderts erinnern sollen und ebenfalls als »europäisch« bezeichnet werden.[21] Eine sanfte Belarussifizierung und Europäisierung gab es auch in anderen Städten des Landes.

Die Bezugnahme insbesondere auf die Phase, in der die Gebiete des heutigen Belarus zum Großfürstentum Litauen gehörten, hat nicht zuletzt damit zu tun, dass diese Zeit ungeachtet des Krieges, den Litauen mit dem Moskauer Fürstentum führte, politisch unverfänglich ist und sich für die Mobilisierung von nationalen Gefühlen und oppositioneller Stimmungen nicht sonderlich gut eignet.

»Anders steht es«, so der belarussische Historiker Aleksej Bratotschkin, »mit der Geschichte des 20. Jahrhunderts, dem Stalinismus sowie der politisch stark aufgeladenen Phase der belarussischen Nationsbildung, für die der Kalinowski-Aufstand von 1863-1864 von zentraler Bedeutung war.«[22]

Im Jahr 2018 organisierte Pawel Belous gemeinsam mit den Bloggern Eduard Paltschis und Anton Motolko die Feiern zum 100. Jahrestag der Ausrufung der Belarussischen Volksrepublik. In den Jahren zuvor hatten die Behörden die traditionellen Märsche am 25. März stets verboten und die Polizei die wenigen Teilnehmer auseinandergetrieben. Nun erprobte das Trio gemeinsam mit einer Reihe von oppositionellen Parteien und Bewegungen ein neues Format: ein Konzert vor dem Minsker Opernhaus. Das Geld dafür wurde via Crowdfunding gesammelt. Die Veranstalter kündigten es explizit als unpolitische Veranstaltung an. Dieses Mal kamen 50 000 Menschen. Wie in den Jahren zuvor war die weiß-rot-weiße Fahne omnipräsent. Entrollt werden durfte sie auf Anordnung der Behörden nur innerhalb des für das Konzert abgegrenzten Bereichs.

Auch die »sanfte Belarussifizierung« kam zum Tragen: Das Narrativ von der BNR enthielt eine weibliche Perspektive – in der Materialsammlung, die das größte belarussische Nachrichtenportal *tut.by* zum 100. Jahrestag der Ausrufung der BNR im März 2021 zusammengestellt hat, gibt es auch die Geschichte einer »Frau aus der Zeit der BNR«, jene der Generalsekretärin des Zentralkomitees der »Belarussischen Partei der revolutionären Sozialisten« (BPS-R), Paluta Badunowa, die im »Volkssekretariat«, der Regierung der BNR, für soziale Fürsorge zuständig war. Auch zahlreiche alltagsgeschichtliche Details wurden aufgeführt; die Seite ist sowohl auf Russisch als auch auf Belarussisch verfasst, was neu war und die Zahl der Teilnehmer an dieser Feier vergrößerte.[23]

Die kreative Aneignung der heroischen Vergangenheit

Neben dem Ruf »Es lebe Belarus!« wurde die weiß-rot-weiße Fahne zum Symbol der Revolution des Jahres 2020. Sie verweist ebenso auf die 1918 ausgerufene Belarussische Volksrepublik, deren Geschichte nach nur einem Jahr durch den Sieg der Roten Armee endete. Als jedoch die Sowjetunion 1991 aufgelöst und Belarus unabhängig wurde, kehrten die weiß-rot-weiße Fahne sowie der Reiter mit dem Schild als Fahne und Wappen des neuen Staates zurück. Sie sollten die Wiedergeburt der belarussischen Nation symbolisieren. Nach seiner Wahl 1994 wurde Lukaschenko noch unter dieser Flagge zum Präsidenten vereidigt, doch mit dem Referendum von 1995, mit dem er auch das Sprachengesetz änderte, tauschte er sie gegen die grün-rote Fahne der Belarussischen Sowjetrepublik und leitete damit eine Re-Sowjetisierung sowohl der Symbole als auch der Gesellschaftsordnung ein.

Vor den Wahlen am 9. August 2020 spielten die Farben Weiß-Rot-Weiß bei den Veranstaltungen des Vereinigten Teams keine herausragende Rolle. Sie waren zu sehen, doch zugleich gab es Fähnchen mit den Symbolen des Teams, weiße Armbänder, die das Team von Viktor Babariko eingeführt hatte, und auch Flaggen in den offiziellen Farben Rot-Grün. Dies zeigte, dass sehr unterschiedliche Menschen die drei Frauen unterstützten.

Die Verwendung der Farben änderte sich nach den Tagen der Gewalt vom 9. bis 11. August. Bereits auf dem ersten Sonntagsmarsch dominierten die weiß-rot-weißen Fahnen. Einzelne Menschen, Hofgemeinschaften, Personen, die sich über den gemeinsamen Beruf zusammengeschlossen hatten, Frauengruppen und viele andere bestellten Fahnen über Online-Shops wie Symbal.by. Aber auch Schneider oder einfach Leute mit entsprechenden Fertigkeiten und einer eigenen Nähmaschine nähten auf Bestellung Fahnen, so dass es bald keinen weißen und roten Stoff mehr zu kaufen gab.

Bei diesem Marsch hüllten die Demonstranten die fünf Meter hohe Bronzeskulptur der Mutter Heimat, die 1974 als Teil des offiziellen Erinnerungsorts »Heldenstadt Minsk« an der Kreuzung Mascherow-Straße/Allee der Sieger errichtet worden war, in weiß-rot-weißen Stoff. Dies war besonders symbolträchtig, denn an diesem Platz befindet sich seit 2014 auch das Museum des Großen Vaterländischen Krieges, Inbegriff des offiziellen Gedenkens an den Sieg des sowjetischen Volkes über den Faschismus.

Die Soziologin Nelly Bekus, die dem Thema der belarussischen Identität ein ganzes Buch gewidmet hat,[24] interpretierte die Umhüllung der Skulptur mit der weiß-rot-weißen Fahne als ein Zeichen der Umkodierung. »Zwei Symbole, die früher eng mit den gegensätzlichen ›ideologischen‹ Projekten der belarussischen Nation verbunden waren – das Museum als Symbol der ›glorreichen sowjeti-

schen Vergangenheit‹ und die Flagge als Symbol der anti-
sowjetischen Opposition –, sind in der Darstellung des
neuen Belarus, die bei den Protesten auftauchte, vereint.
In einem Akt der Umwidmung von Symbolen wird das
heroische Pathos des Ortes (einschließlich des Obelisken
›Heldenstadt Minsk‹) auf die Demonstranten übertragen
und steht nun für Heldentum im Kampf gegen Lukaschenkos Regime.«[25] Bekus erwähnte auch andere Darstellungen
des »Mutter-Heimat«-Themas, vor allem Anna Redkos
Bild »Mascha, die Heimat ruft«. Es ist Maria Kolesnikowa gewidmet, die ihren Pass zerreißt.

Die Politologin und Kulturwissenschaftlerin Elizaveta
Gaufman beschrieb diese Verschmelzung gegensätzlicher
Symbole als kreative Wiederaneignung, die zu einer wichtigen Wahrnehmungsverschiebung führt. Sie zog eine Parallele zur Überwindung des Gegensatzes zwischen russi-
scher und belarussischer Sprache während der Revolution.[26]

Ab dem zweiten Sonntagsmarsch wurden das Museum
und die Skulptur mit Stacheldraht umgeben. Bewaffnete
Soldaten sicherten das Gebäude. Da die Demonstrations-
züge stets friedlich verliefen und dem Museum keinerlei
Gefahr drohte, lässt sich diese Maßnahme kaum anders
deuten denn als Verteidigung der offiziellen Ideologie
mit Waffengewalt. Eine Darstellung der Überlagerung verschiedener Diskurse – und damit eine diskursive Geburt
des neuen Belarus – sollte verhindert werden. Doch diese
hatte bereits stattgefunden und wurde von den Medien
verbreitet.

Auch soziologische Befragungen der Teilnehmer:innen
der Märsche im Jahr 2020 bestätigten, dass die nationa-

le Vergangenheit kaum ausschlaggebend für die Verwendung der weiß-rot-weißen Flagge war. Die Soziologin Oksana Shelest weist darauf hin, dass sich die Frage, ob man nicht eine Fahne brauche, erst mit Beginn der Proteste überhaupt gestellt habe. Die Wahl sei auf die weiß-rot-weiße Fahne gefallen, in Opposition zur offiziellen Fahne – man habe sie »als Symbol des Protestes und der Veränderung« wahrgenommen, »nicht als Nationalflagge«.[27] Zudem stellte sie fest, dass die Protestteilnehmer zwar überwiegend Russisch sprachen, aber niemand Probleme damit hatte, auf diejenigen einzugehen, die Belarussisch sprachen, und umgekehrt. »Es gibt eine absolut selbstverständliche Wahrnehmung des jeweils anderen.«

Im Unterschied zu den Protesten früherer Jahre, die von der national orientierten Opposition angeführt wurden, könne man 2020 nicht von einem nationalen Erwachen sprechen, merkte auch der Politologe Pawel Usow an. Zugleich schloss er nicht aus, dass sich bei den neuen sozialen Gruppierungen in Belarus ein staatsbürgerliches Bewusstsein entwickelte. Seiner Auffassung nach könne man bereits von einer »Staatsbürgernation« sprechen.[28]

Anzeichen dafür sieht auch der Soziologe Andrej Wardomazki. Er weist darauf hin, dass »im Zuge der laufenden Entwicklungen in Belarus auch die nationale Identität einem tiefgreifenden Wandel unterliegt, die politisch-staatsbürgerliche Komponente erfährt momentan eine kontinuierliche Stärkung.«[29] Als wichtigste Folge dieses Prozesses sieht er einen Rückgang der Orientierung auf Russland um elf Prozentpunkte zwischen September und November 2020.

Anstelle des Begriffs der Identität, so hat der Slawist Heinrich Kirschbaum kürzlich vorgeschlagen, solle man besser den der Subjektivierung verwenden. Der Protest oder die Proteste in Belarus, betont er, haben noch keinen Namen. Sie sind nicht abgeschlossen. Noch wichtiger: Es gibt zwar einen Anfang, aber keinen Ursprung, keine Vorgeschichte und keine Erinnerung, ohne die die Konstruktion jedweder und insbesondere einer nationalen Identität kaum möglich ist. Die Teilnehmer der Protestbewegung sind geduldig. Sie blicken nicht auf die Vergangenheit zurück, sondern wollen in die Zukunft aufbrechen. Ihre vielfältige Selbstorganisation und damit der Prozess der Subjektivierung, an dem sie teilnehmen, hat Bricolage- und Rhizomstruktur. Die rot-weiß-rote Fahne ist in diesem Sinne kein Symbol, denn hinter ihr steht keine Ideologie. »In der Zeit der Märsche und Hofmärsche waren die Farben Rot-Weiß-Rot ein semiotisches Zeichen, nun sind sie zu einem Lokator und Navigator der Bewegung geworden.«[30]

Diese These bestätigen auch die Zeilen aus einem der ergreifendsten Lieder, die während der Revolution entstanden sind:

Wir zogen raus auf die Straßen und keiner von uns
wusste wohin, hätten uns bald schon verloren,
hätte nicht einer die Fahne erhoben.
So plötzlich zogen wir los.[31]

Der Staatsbürgernationalismus und seine Widersprüche

Trotz alldem verwenden einige belarussische Journalisten und Intellektuelle zur Beschreibung des Geschehens in Belarus weiterhin den Begriff der Nation in jener Bedeutung, die sich mit der Unabhängigkeit von 1991 herausgebildet hatte und die mit dem Begriff der »Wiedergeburt« (*adražénie*) verknüpft ist. Belarussische Autoren haben diese Version als ethnisch-kulturellen Nationsbegriff bezeichnet und sie dem Begriff der Staatsbürgernation französischer Provenienz gegenübergestellt.

Der Philosoph Valentin Akudowitsch gehörte in den 1990er Jahren zu den Anhängern der nationalen Wiedergeburt. Später kritisierte er diese Idee. Das Scheitern und die Zukunftslosigkeit eines ethnisch und kulturell begründeten Nationalismus führte er vor allem darauf zurück, dass er einer zeitgenössischen, postmodernen Kultur nicht mehr entspricht. Laut Akudowitsch waren die Menschen, die sich in den frühen 1990er Jahren für eine nationale Wiedergeburt einsetzten, eher an der Vergangenheit orientiert als an der Gegenwart: »Wir waren so besessen von der Geschichte, dass wir vergaßen, in welcher Zeit wir lebten.«[32] Die Idee der Schaffung eines belarussischen Nationalstaates auf ethnischer Basis bezeichnete er als archaisch.

Zweitens definierte er in seinem berühmten Text »Paris zertrümmern« aus dem Jahr 2000 die Geschichte und die Kultur von Belarus aus der Perspektive der Postmoderne als ein nichtlineares Gebilde, in dem die verschiedenen Perioden – eine europäische, eine russisch-imperiale, eine sowjetische, eine postsowjetische und andere – kaum miteinander verbunden sind. Dies sei kein Problem, da »Belarus ein postmodernes Geschenk Gottes ist«. Das bedeutet, alle historischen Phasen sind für das Verständnis der Vergangenheit von Belarus gleich wichtig, ungeachtet welche Werte jeweils galten, welche Institutionen die einzelnen Epochen prägten und ob das eine mit dem andern überhaupt vereinbar war. Das postmoderne Verständnis der Differenz ermöglicht es, bisher übersehene Episoden ans Licht zu bringen oder neu zu gewichten und zu einem kritisch-reflexiven Umgang mit der eigenen Geschichte zu kommen.

Gleichzeitig gerät Akudowitsch mit der Feststellung, dass Belarus nie nur belarussisch sein wird, in einen performativen Widerspruch: Einerseits setzt er sich dafür ein, dass die verschiedenen historischen Phasen in der heutigen belarussischen kollektiven Identität in gleichem Maße berücksichtigt werden sollen, andererseits bezeichnet er genau jene Epochen als eigentlich belarussische, die mit der belarussischen Sprache (wenn er davon spricht, dass »Belarus nie nur belarussisch sein wird«) und dem europäischen Erbe verbunden sind.[33]

Die Konstruktion einer Hierarchie zwischen »echten«

(belarussischsprachigen) und »falschen« (russischsprachigen) Belarussen sowie zwischen den verschiedenen Komponenten des belarussischen kulturellen Erbes – der jüdischen, der polnischen, der russischen, der tatarischen – führte auch zu einer unkritischen Haltung gegenüber der eigenen Geschichte, einschließlich der patriarchalischen Dimension. In den letzten zehn Jahren haben Intellektuelle das Verhältnis von Gender und Nation diskutiert und die Reproduktion traditioneller Männer- und Frauenrollen im national orientierten Diskurs aufgedeckt: Männer verteidigen die Heimat, Frauen hüten den Herd. Diese Rollenbilder haben auch die militaristischen Vorstellungen in Belarus stabilisiert.

In den 2010er Jahren begann die dem nationalen Narrativ innewohnende unkritische Haltung gegenüber der Vergangenheit immer mehr Züge des Rechtskonservatismus anzunehmen, der seinen Ausdruck in der Berufung auf »traditionelle Werte« fand. Wie in anderen Ländern festigte dieser Diskurs seine Positionen auch in Belarus als Reaktion auf die neuen Dimensionen der Emanzipation, die mit #MeToo und der wachsenden Anerkennung der Vielfalt sexueller Identitäten und Lebensstile verbunden sind. Einen weiteren Anstoß zur Stärkung der Rechtskonservativen im postsowjetischen Raum gab die Rede der 16-jährigen schwedischen Öko-Aktivistin Greta Thunberg am 24. September 2019 auf dem UN-Klimagipfel in New York. Zur Intoleranz gegenüber Feministinnen und LGBTQ-Menschen gesellte sich die Intoleranz gegenüber Kindern mit politischen Positionen sowie gegenüber Klimawandel-Aktivisten.[34]

Die unkritische Fixierung auf die Vergangenheit, die nach Benedict Anderson auf der für die nationale Gemeinschaft konstitutiven Herleitung der Gegenwart aus einer selektiv konstruierten Geschichte beruht, zeigte sich auch in den Überlegungen der belarussischen Philosophen zu den revolutionären Ereignissen in Belarus 2020. So betont die Philosophin Tatiana Shchyttsova, Professorin an der Europäischen Humanistischen Universität in Vilnius, zwar den moralischen und ethischen Charakter der belarussischen Revolution, erkennt in ihr aber nicht nur eine »verkörperte Manifestation der Zivilgesellschaft«, sondern auch die pathetische Idee von der Wiedergeburt der belarussischen Nation. »Diese Idee basiert auf zwei Kernpunkten: Erstens, die Demokratisierung der politischen Institutionen, die jene Verfassungsbestimmung wieder in Kraft setzen soll, nach der das Volk der Souverän der Republik Belarus ist; zweitens, die Wiederbelebung des kulturellen und historischen Erbes der Belarussen.«[35] Dass dieses Erbe wie jedes andere auch vielfältig ist und durchaus mit dem Prinzip der Volksherrschaft in Konflikt geraten kann, erwähnt Tatiana Shchyttsova nicht. Statt eines kritischen Blicks auf die eigene Geschichte und Kultur schlug die Philosophin vor, dass wir stolz auf unsere nationale Selbstidentifikation sein sollten.

Der Historiker Sergej Ablameiko, der sich in den 1980er Jahren an informellen Jugendgruppen beteiligte, die unter der Idee der nationalen Wiedergeburt zusammengefunden hatten, und der heute für das belarussische Programm von Radio Svaboda arbeitet, bezeichnete die revolutionären Prozesse in Belarus als »Großen Belarussischen Nationalaufstand«, dank dessen es zu einem »verspäteten Erwachen und Aufbegehren der letzten Nation in Ost- und Mitteleuropa« gekommen sei. Gleichzeitig sei »die Bildung der belarussischen Nation vollendet worden«.[36] Die Menschen hätten, so Ablameiko, plötzlich »ihre Blutsverwandtschaft entdeckt, ihr gemeinsames historisches Schicksal und das, was sie von der übrigen Welt unterscheidet«. Sie hätten verstanden, dass es hier »uns«, »die Belarussen«, gibt und dort »die Welt«, »die anderen«. Als wichtige Merkmale dieses neuen Bewusstseins nannte der Historiker zwar auch die Entstehung und Schärfung des staatsbürgerlichen Verantwortungsgefühls sowie des Blicks für soziale Ungleichheit und politische Ungerechtigkeit. Für wichtiger aber erachtete er, dass originär belarussische Lieder wie »Mahutny Bosha« (Allmächtiger Gott), »Pahonja«, »Kupalinka«, »Try Tscharapachy« (Drei Schildkröten) gesungen wurden; dass die historische Symbolik und die Losung »Es lebe Belarus!« wiederbelebt wurden; dass sich so viele Menschen gegen den Verlust der belarussischen Sprache wehren wollen; dass diese sich als Europäer sehen und davon träumen, dass »der belarussische Bauer auf seinem Fleckchen Land leben kann, ohne Herrn, der ihn knechtet, bescheiden, ehrlich und zivilisiert«.

Auch Lukaschenka verwendete in seiner Rede bei der geheimen Amtseinführung am 23. September den Begriff der Nation. Er erklärte: »Nachdem wir diesen Sieg errungen haben, stehen wir heute auf einer neuen Stufe unseres Selbstverständnisses. Nachdem das Fieber der Wahlschlachten überwunden war, haben wir gesehen, wie unsere gesamte Nation gereift ist. Es mag sein, dass Belarus im Vergleich zu anderen Ländern ein sehr junger Staat ist, aber die Belarussen als Nation sind keine Kinder mehr. Wir sind das Volk.« Mit »Sieg« meinte er das Resultat des historischen Kampfes für die Unabhängigkeit, der auch im Zentrum des gegen Lukaschenko gerichteten nationalen Diskurses in Belarus steht.

Der Historiker Aleksej Bratotschkin erklärt die Nähe der Äußerungen Lukaschenkos zum nationalistischen Unabhängigkeitsdiskurs damit, dass sich in Belarus in den 2010er Jahren eine Art konservativer Konsens in der Geschichtspolitik herausgebildet hat. Sowohl das Regime als auch eine Reihe von Oppositionsparteien und -bewegungen, die sich im Herbst 2015 zu einer Mitte-rechts-Koalition zusammenschlossen, haben sich der Unabhängigkeit von Belarus verschrieben und lehnen eine moderne links-liberale Agenda ab. Sie vertreten ein heroisches, patriarchalisches und homophobes Geschichtsbild.[37] Auch die Geschichte des Großfürstentums Litauen war Teil dieser sowohl von Lukaschenko als auch von seinen Gegnern vertretenen Erinnerungspolitik. Ebenso betonten beide den Gegensatz zwischen den »eigenen Leuten« und den Fremden – sowohl innerhalb als auch außerhalb von Belarus.

Die Überwindung des nationalen Diskurses

Die revolutionären Ereignisse des Jahres 2020 scheinen diesen Konsens erschüttert zu haben. Denn Frauen haben die Bühne betreten und Heldentum mit Opferstatus und Trauma verbunden. Sie haben der Vorstellung, dass die Eliten das Volk leiten, eine horizontale Kooperation entgegengesetzt und die Hierarchie zwischen den verschiedenen Epochen der belarussischen Geschichte zugunsten einer demokratischen Gegenwart und Zukunft beseitigt. So war eines der wichtigsten Symbole der Revolution die »Eva« des jüdischen Künstlers Chaim Soutine. Die Frage, ob das Kunstwerk zur belarussischen Kultur gehört, stellte sich nicht. Wenn ein Teil der Wissenschaftler, Intellektuellen und Journalisten diese neue Realität durch eine nationalistische Brille sieht, so zeugt das wohl zum einen davon, dass es in Belarus an einem alternativen Diskurs mangelt; zum anderen aber auch von einer globalen Situation: den widersprüchlichen Funktionen des Nationalismus im modernen, multikulturellen, globalen und neoliberalen Kontext, zu dessen Hauptmerkmalen in den 2010er Jahren die Rückkehr des Nativismus gehörte.

Es waren Autoren, die sich mit der globalen Ungleichheit als zentraler Folge der neoliberalen Globalisierung beschäftigen, die in den 2010er Jahren vor einer Rückkehr des mit Populismus verbundenen Nativismus warnten.[38] Arjun Appadurai brachte das Erstarken des nationalistischen Diskurses in der EU und in den USA mit dem Verlust der wirtschaftlichen und politischen Souveränität dieser Länder in einer globalisierten Welt in Verbindung. Zum Zwecke einer symbolischen Kompensation erwache der Wunsch nach Wiederherstellung der kulturellen Souveränität, die in der Nation ihren Ausdruck findet. »Die Führer, die durch die neuen populistischen Bewegungen hochgekommen sind, pflegen typischerweise einen fremdenfeindlichen, patriarchalischen und autoritären Stil.«[39] Dass diese Führer so viele Unterstützer finden, hängt mit den negativen wirtschaftlichen Auswirkungen der neoliberalen Globalisierung auf eine beträchtliche Anzahl sozialer Gruppen in der EU und den USA zusammen, die Branko Milanovic in seinen Untersuchungen zur globalen Ungleichheit als Erosion der Mittelschicht in diesen Ländern seit den 1980er Jahren identifiziert hat.

Der britische Publizist Paul Mason hat detailliert aufgezeigt, wie die in den 1970er Jahren noch internationalistisch gesinnte Arbeiterklasse in Großbritannien in den 2010er Jahren zum Befürworter einer migrantenfeindlichen Politik wurde. Dies geschah aus denselben Gründen: Verlust des Arbeitsplatzes, Rückzug der Industrie aus Großbritannien, Privatisierung neuer Wirtschaftszweige, Reformen der Steuerpolitik zugunsten der Reichen und Erosion des Wohlfahrtsstaates, zunehmende Monetarisierung und der Mangel an politischen Kräften, die auf all diese Probleme reagieren können. An die Stelle der Kultur des Protests gegen das Kapital, so Mason weiter, sei eine Kultur des Protests gegen Globalisierung, Migration und Menschenrechte getreten.[40] Obwohl der Brexit in Europa, anders als von vielen befürchtet, keine Kettenreaktion ausgelöst hat und in den USA Trump nicht wiedergewählt wurde, bleiben die inneren Widersprüche der Globalisierung, die ihre »Lösung« im Nativismus finden, bestehen. Sie sind eine Herausforderung für die Demokratie und tragen nicht zur Entstehung postnationaler Narrative bei, die in Belarus so sehr fehlen. Grund für die Lähmung der Linken in Großbritannien, so Paul Mason, liege »nicht in ihrer Unfähigkeit, eine ökonomische Kritik an der freien Marktwirtschaft zu formulieren, sondern in ihrem Unvermögen, der Erzählung, mit der die extreme Rechte ihren Kampf führt, eine eigene entgegenzusetzen«.[41] COVID-19 hat diese ökonomischen und sozialen Widersprüche einmal mehr offengelegt, ihre Überwindung, wenn sie überhaupt möglich ist, aber verzögert. Mit der Pandemie ist die Suche nach neuen Werten und institutionellen Bezugspunkten für eine gemeinsame demokratische Welt in den Hintergrund gerückt.

Fast überall, wo der nationalistische Diskurs zum Tragen kommt, werden seine Grenzen sichtbar: Er beruht auf der Idealisierung und Romantisierung der Vergangenheit (im Narrativ von den bescheidenen und ehrlichen Belarussen), auf kultureller Homogenisierung, patriarchalischen Vorstellungen sowie insbesondere auf der Hierarchisierung und Gegenüberstellung des Eigenen und des Fremden, diesem zentralen Merkmal der »Nation« seit den Anfängen dieses Konzepts im mittelalterlichen Europa.[42]

Gleichwohl muss man fragen, inwieweit es überhaupt möglich ist, über diesen Diskurs hinauszugehen in einer Situation, die von dem dauerhaften Widerspruch zwischen der weiter fortschreitenden Globalisierung der ökonomischen und anderer Beziehungen auf der einen und der anhaltenden oder sogar wachsenden Ungleichheit zwischen den Akteuren dieses Prozesses auf der anderen Seite geprägt ist.

Die aktuellen emanzipatorischen Prozesse, die ihre Impulse vom #MeToo-Feminismus oder vom globalen Klimastreik bekommen, gehen über die Grenzen der Einzelstaaten hinaus. Sie machen klar, dass globale Probleme wie Klimaveränderung, Menschenrechtsverletzungen, soziale Ungleichheit und Genderungerechtigkeit ohne neue Formen der zwischenstaatlichen Kooperation nicht gelöst werden können.

Davon, dass diese Formen fehlen, zeugen die Verbrechen gegen die Menschlichkeit, die in Belarus nach wie vor verübt werden. Diese lassen auch die Fragen offen, in welchen weiteren Begriffen die Prozesse der horizontalen gesellschaftlichen Emanzipation einerseits und der grenzüberschreitenden Solidarisierung andererseits gedacht werden müssen. Der Begriff der Nation, so scheint es, ist in diesem Sinn wenig hilfreich. Wir müssen uns neue Konzepte erarbeiten.

Zur Transkription

In einem Buch wie diesem lassen sich Transkriptionsregeln nicht konsequent durchsetzen. Um der besseren Lesbarkeit und Wiedererkennbarkeit willen wurde auf eine Transliteration belarussischer Orts- und Eigennamen verzichtet. Da die Autorin Russisch schreibt, werden sie überwiegend in der russischen, nicht in der belarussischen Variante wiedergegeben. Ausnahmen sind Personen, die im Netz und in den Medien die internationale Schreibweise ihres Namens verwenden. Der Fließtext folgt der Dudenumschrift. Der Eindeutigkeit halber werden russische und belarussische Namen und Titel in den Fußnoten in der wissenschaftlichen Umschrift wiedergegeben.

Olga Shparaga bedient sich einer im Russischen noch neuen gendersensiblen Sprache. Die Übersetzung folgt ihr darin behutsam.

Anmerkungen

Belarus. Beginn einer Revolution

1 Administrativnyj arest v Belarusi-2020 – instrument narušenija prav čeloveka // Menschenrechtszentrum »Vjasna«, https://spring.org/files/book/ru/2020-arrests-in-belarus.pdf

2 Kryminal'ny perasled z pačatku vybarčaj kampanii. Spis ad pravaabaroncaÿ »Vjasny« // Menschenrechtszentrum Vjasna, https://spring.org/be/news/99638

3 Menschenrechtszentrum Vjasna // https://prisoners.spring.org

4 Padtrymaj znjavolenych žančyn u Dzen' salidarnasci i barac'by za ich pravy (spis) // Pravozaščitnyj centr Vjasna, http://spring96.org/be/news/102289

5 Der Umschlag der deutschen Ausgabe meines Buches verwendet das von ihr geschaffene Symbolbild der Revolution mit Herz, Faust und Victory-Zeichen. – Zur Ausstellung »Jeden Tag. Kunst, Solidarität. Widerstand«, kuratiert von Aleksei Borisionok, Andrei Dureika, Marina Naprushkina, Antonina Stebur, Maxim Tyminko und Sergey Shabohin siehe https://artarsenal.in.ua/en/vystavka/everyday-art-solidarity-resistance/

6 Siehe dazu die Internetseite der Vereinigung der belarussischen Studenten »Associacii belarusskich studentov« (ZBS), https://zbsunion.by/en

7 Neben Petr Kusnetzow teilt diese Sicht etwa auch der Politikwissenschaftler Artem Schrajbman: »Sudja po tomu, čto bylo na ulicach 25 marta, vlast' točno boitsja«, 27.03.2021 // Salidarnasc', https://gazetaby.info/post/shrajbman-sudya-po-tomu-chto-bylo-na-uliczax-25-ma/174617/. Ebenso der Politikwissenschaftler Andrej Egorow: Protest ne isčez, faza »požar na torfjanike« imeet bol'šoj potencial, 26.07.2021, Sajt belarusskich issledovatelej, https://thinktanks.by/publication/2021/03/26/andrey-egorov-protest-ne-ischez-faza-pozhar-na-torfyanike-imeet-bolshoy-potentsial.html

8 Ende Oktober 2020 sprach ein Beamter aus der Abteilung für Staatsbürgerschaft und Migration des belarussischen Innenministeriums davon, dass seit September mehr als 10000 Menschen Belarus in

Richtung Polen verlassen haben, 3000 gingen in die Ukraine und jeweils um die 500 nach Lettland und Litauen. In weniger als zwei Monaten hätten um ein Vielfaches mehr Menschen das Land verlassen als im gesamten Vorjahr. https://finance.tut.by/news704904.html?c

9 Dies wird nicht zuletzt von den Ergebnissen der »Volksbefragung« bestätigt, die am 2. und 3. März 2021 stattfand. Gefragt wurde, welche Strategie der Proteste als erfolgreicher einzuschätzen sei: einen Plan für den Sieg oder eine Debatte über Reformen vorzubereiten. Die Antworten hielten sich die Waage. Narodnyj Opros, https://narodny-opros.medium.com/протесты-в-беларуси-с-декабря-по-февраль-faq-4f5b13815744

10 Vergleiche dazu die Diskussion, die am 7. März 2021 im Rahmen einer Veranstaltungsreihe des Koordinierungsrates unter dem Titel »In der Menschenkette stehen und Präsidentin werden« stattfand. Stream »Wie hat sich die Rolle der Frau nach den Wahlen verändert«, 07.03.2021 // Rada.vision, https://www.youtube.com/watch?v=KLEDTl6COSk&t=2s

I
Die Entstehung eines weiblichen kollektiven Subjekts in Belarus

1 Autor der ersten Bibelübersetzung in eine altbelarussische Variante des Kirchenslawischen.

2 Zitat aus der Komödie »Verstand schafft Leiden« von Alexander Gribojedow (1825). In einem Monolog unter diesem Titel entlarvt der Protagonist Tschazki »Kleinmut und Armut des Verstandes« bei allen Uniformträgern. – Anm. d. Übers.

3 Swetlana Aleksijewitsch, *Der Krieg hat kein weibliches Gesicht*, aus dem Russischen von Ganna-Maria Braungardt, Berlin 2015, S. 14.

4 »Sila v tom, čtoby proživat' sistemnoe ugnetenie vmeste«. V galeree »Art-Belarus'« prošel performans »Dostojanie«, 02.07.2020 // Belsat, https://belsat.eu/ru/news/sila-v-tom-chtoby-prozhivat-sistemnoe-ugnetenie-vmeste-v-galeree-art-belarus-proshel-performans-dostoyanie/

5 Die Zahlen folgen den Angaben des belarussischen Menschenrechtszentrums *Wjasna*: http://spring.org/ru/news/97813

6 Zur Machtvertikale siehe: Maryia Rohava, Fabian Burkhardt, »Dik-

tatur ist unser Markenzeichen«. Belarus: Machtvertikale vs. horizontale Gesellschaft, in: Macht statt Gewalt. Belarus: Schritte zur Freiheit [= Osteuropa, 11-12/2020], S. 127-146. Zu den Gewaltapparaten siehe Siarhei Bohdan, Monopolisten der Gewalt. Polizei, Geheimdienste und Armee in Belarus, ebd. S. 167-181.

7 Zur Entwicklung der unabhängigen Gesellschaft und der Protestkultur in Belarus siehe Ingo Petz, »Die Stimmung ist nicht dieselbe«. Protest und Protestkultur in Belarus, in: Macht statt Gewalt. Belarus: Schritte zur Freiheit [= Osteuropa, 11-12/2020], S. 61-81.

8 Zaderžanie Tichanovskogo i »napadenie na milicionera« v Grodno. Davajte vnimatel'no posmotrim video, 30.05.2020 // https://news.tut.by/elections/686677.html?c

9 Tat'jana Ščurko, Potencial ženskogo političeskogo učastija: strukturnye i institucional'nye ograničenija, 14.09.2015 // Naše mnenie. Ėkspertnoe soobščestvo Belarusi, https://nmnby.eu/news/analytics/5853.html – Interessanterweise deckt sich diese Einschätzung der Rolle der Frauen mit der vieler belarussischer Oppositionspolitiker.

10 Elena Tonkačeva, Ob"edinennyj štab: Konstitucija – dlja ženščin, my ne vtorosortnye, my naravne s mužčinami, i my pobedim, 17.07.2020 // TUT.BY. Belarusskij portal, https://news.tut.by/economics/693198.html

11 Ganna Soÿs', »Gėtyja žančyny nikim ne pryznačanyja. Jany sami ryzykujuc'«. Psycholjag, filėzaf i sacyėljag pra fėnomėn žanočaga tryė, 30.07.2020 // Radÿë Svaboda, https://svabod1.azureedge.net/a/30755681.html – Dazu auch Irina Solomatina, Die Revolution hat kein feministisches Gesicht, in: Andreas Rostek, Nina Weller und Tina Wünschmann (Hg.), *Belarus! Das weibliche Gesicht der Revolution*, Berlin 2020, S. 41-54.

12 Elena Gapova, Svetlana Tichanovskaja: ot ličnogo k političeskomu, 06.08.2020 // https://www.opendemocracy.net/ru/tikhanovskaya-ot-politcheskogo-lichnomy/. Die in den USA lebende Genderforscherin zieht eine Parallele zu der Rolle der Frauen in der polnischen Gewerkschaftsbewegung Solidarność und vergleicht die Ereignisse im Polen der 1980er Jahre mit jenen in Belarus im Jahr 2020: »Als im Dezember 1981 nach Ausrufung des Kriegsrechts auf einen Schlag dreieinhalbtausend Männer aus der Gewerkschaft Solidarność verhaftet wurden, nahmen die in Freiheit verbliebenen Frau-

en die gesamte Arbeit auf sich. Es ist offensichtlich, dass erstens ein Regime einen höheren Preis zahlen muss, wenn es Frauen verhaftet. Der Reputationsverlust ist sehr hoch. Zweitens sind tatsächlich oft Männer die wichtigeren politischen Akteure.« Siehe dazu die preisgekrönte Studie der Historikerin Shana Penn: *Solidarity's Secret. The Women Who defeated Communism in Poland*, Ann Arbor 2006.

13 Ljubov' Kasperovič, Samyj izvestnyj rabočij Belarusi – ob areste, svoem meste v politike i zavodčanach, 07.11.2020 // TUT.BY. Belarusskij portal, https://news.tut.by/society/702302.html

14 Ganna Soÿs', Maryja Kalesnikava pra movu, gvalt, šoping utroch i parady Aleksievič, 04.08.2020 // Radÿë Svaboda, https://www.svaboda.org/a/30764473.html – In einem Interview für das bei jungen Leuten beliebte Portal kyky.org (die Adresse wird wegen der Angriffe des Staates regelmäßig geändert) sagte Maria: »Es ist empörend, dass es in Belarus bis heute kein Gesetz über häusliche Gewalt gibt. Im Kern ist die Botschaft des Staates: Macht mit den Frauen, was ihr wollt, wir schauen weg. Der Staat legitimiert das Gewaltmonopol des Mannes über die Frau. Warum nimmt es sich das Regime auf so dreiste Weise heraus, dieses Gesetz nicht zu verabschieden, das Frauen und Kindern das Leben und die physische Unversehrtheit retten würde?«, https://kyky.org/hero/belarusov-nikto-ne-slyshit-ni-oppozitsiya-ni-deystvuyuschaya-vlast-intervyu-s-mariey-kolesnikovoy-koordinatorom-shtaba-babariko

15 Einer ihrer stärksten Auftritte war jener am 2. August in Brest: https://www.youtube.com/watch?v=TRBIodKxgfU

16 Judith Butler, *Anmerkungen zu einer performativen Theorie der Versammlung*, aus dem Amerikanischen von Frank Born, Berlin 2018. S. 41. Weitere Seitenzahlen im Text.

17 Vgl. Aliaksandr Herasimenka, 2017 – ein Jahr der Proteste in Belarus // BELARUS-ANALYSEN NR. 34, 29.11.2017, S. 2-6 // https://www.laender-analysen.de/site/assets/files/1063/belarusanalysen.pdf#page=2

18 Aleksandr Lukašenko. Poslanie belorusskomu narodu i Nacional'nomu sobraniju, 04.08.2020 // http://www.president.gov.by/ru/news_ru/view/poslanie-belorusskomu-narodu-i-natsionalnomu-sobraniju-24168/

19 Wörtlich: »tvorcy«. In dieser »trasjanka« genannten Mischsprache

treffen belarussische Aussprache und Wortbau auf russischen Wortschatz. Sie entstand, als das Russische sich ab der zweiten Hälfte des 19. Jahrhunderts zwar als Normsprache immer mehr durchsetzte, diese Entwicklung bildungsferne Schichten in den ländlichen Gegenden aber kaum erfasste. Die belarussische Nationalbewegung hat in den 1920er und erneut ab den 1980er Jahren die Wertordnung zwischen den beiden Sprachen umgekehrt. Das Russische gilt ihr als »fremd«, das Belarussische, das sie zur in allen Funktionsbereichen der modernen Gesellschaft einsetzbaren Nationalsprache ausbauen will, hingegen als »rein«. Lukaschenko ist russisch sozialisiert und setzt die Mischsprache ein, um sich als »Mann aus dem Volk« auszugeben. Manche Kritiker Lukaschenkos spotten, dieser versuche Belarussisch zu sprechen, beherrsche es aber nicht. Sie übersehen dabei jedoch die Funktion, die die Mischsprache hat. – Anm. d. Übers.

20 »Ėto Srednevekov'e«. Izvestnye belorusskie sportsmeny, žurnalisty i muzykanty kritikujut zaderžanija na piketach, https://www.currenttime.tv/a/belarus-protests-detention/30684606.html

21 http://www.nastaunik.info/news/17605

22 A. Usmanova, Ženščina kak tovar, Ili kul'turnaja logika kapitalizma po-belorusski. I. Nacija kak tovar. 08.02.2005 // Naše mnenie. Ėkspertnoe soobščestvo Belarusi, https://nmnby.eu/news/analytics/834.html – Offiziell ist Lukaschenko verheiratet, seine Frau ist jedoch niemals bei offiziellen Anlässen anwesend und lebt angeblich getrennt von ihm.

23 Bei einer Umfrage im Jahr 2018 verurteilten 90 Prozent der befragten belarussischen Bürger Gewalt in der Familie. Die Umfrage wurde vom Forschungszentrum der nichtstaatlichen Business-Schule IPM mit Unterstützung des Europarats durchgeführt. Die Zahl der Befragten betrug 1016. Berücksichtigt wurden Kategorien wie Geschlecht, Alter, Wohnort, Art des Wohnorts (Stadt/Land), Einkommen. Neben der häuslichen Gewalt forderten die Befragten auch eine öffentliche Ächtung von Diebstahl und Drogenkonsum, 84 Prozent verurteilten eine körperliche Bestrafung von Kindern. Vgl. Urban D., Cennosti naselenija Belarusi. Rezul'taty nacional'nogo oprosa naselenija. Maj 2019 // Issledovatel'skij centr IPM, https://www.ipm.by/upload/iblock/8d7/8d7c4b03dc524080a6fbe4507a77cb02.pdf

24 Lukašenko žestko raskritikoval zakonoproekt o protivodejstvii do-

mašnemu nasiliju, 05.11.2018 // BELTA, https://www.belta.by/presi
dent/view/lukashenko-zhestko-raskritikoval-zakonoproekt-o-
protivodejstvii-domashnemu-nasiliju-320484-2018/
25 V belom i s cvetami. Ženščiny vychodjat na piket, čtoby vyskazat'sja
protiv nasilija na ulicach Belarusi, https://belsat.eu/ru/news/v-be
lom-i-s-tsvetami-zhenshhiny-vyshli-na-piket-chtoby-vyskazatsya-
protiv-nasiliya-na-ulitsah-belarusi/
26 In einem am 29.10.2020 veröffentlichten OSZE-Bericht heißt es, Gewalt und Folter seien so systematisch und gegen eine so große Zahl
von Menschen angewendet worden, »dass dies eindeutig davon
zeugt, dass ein Verbrechen gegen die Menschlichkeit vorliegt«.
(https://www.osce.org/files/f/documents/7/9/469542.pdf?fbclid
=IwAR06nAdxNjh2zpmh0x9M_Z9dvxw8r3lNLtBTrQYOytG5y
VusdmYQcoQLH2Q). – Zu den Verhaftungen: https://spring96.
org/files/book/ru/2020-arrests-in-belarus.pdf – Eine Dokumentation der Gewalt gegen Gefangene auf der Basis von Berichten des
Menschenrechtszentrums Wjasna findet sich in: Macht statt Gewalt.
Belarus: Schritte zur Freiheit [= Osteuropa, 11-12/2020], S. 161-165.
27 V belom i s cvetami. Ženščiny vychodjat na piket, čtoby vyskazat'sja
protiv nasilija na ulicach Belarusi, https://belsat.eu/ru/news/v-belo
m-i-s-tsvetami-zhenshhiny-vyshli-na-piket-chtoby-vyskazatsya-
protiv-nasiliya-na-ulitsah-belarusi/
28 Diese Sicht auf die Aktionen der belarussischen Frauen, die nicht zuletzt unter litauischen Feministinnen verbreitet war, stand im Zentrum eines im Januar 2021 ausgestrahlten Podcasts im Rahmen des
Projekts »CoMeta«. Artima revoliucija/Blizkaja revoljucija. Filoso-
fė Olga Šparaga: negalime ignoruoti į mus nukreipto žmogaus vei-
do/Filosof Ol'ga Šparaga. »K nam obraščeno lico – my ne možem
ne otvečat'«, 12.01.2021 // https://www.lrt.lt/ru/novosti/17/1318
080/filosof-ol-ga-shparaga-k-nam-obrashcheno-litso-my-ne-
mozhem-ne-otvechat?fbclid=IwAR0pTMcWhMPXEO1gZ36Rl
ocPeHaatpRhQ3VLL-obY1Likm_-hwxqkoMAsQU
29 Archangel'skij A., Kul'tura žertvy. Počemu belorusskaja revoljucija
prinimaet imenno takie formy? 23.09.2020 // Republic, https://re
public.ru/posts/97507
30 Abschlussbericht zu den Wahlen. Gemeinsame Veröffentlichung der
Wahlbeobachtungsorganisationen Golos, Zubr und Čestnye ljudi.
⟨www.zeitschrift-osteuropa.de/blog/wahlfaelschung-in-belarus/⟩.

31 Rezoljucija Koordinacionnogo Soveta, https://rada.vision/reso lucyia

32 Diktatura strašnee gomofobii. V Minske LGBT-kolonna vyšla na protest s plakatami i radužnymi flagami, 07.09.2020 // Hrodna.life, https://ru.hrodna.life/2020/09/07/diktatura-huzhe-gomofobii-v-minske-lgbt-kolonna-vyshla-na-protest-s-plakatami-i-raduz hnymi-flagami/

33 Vertreter:innen der LGBT-Community sowie einige Journalisten erklären allerdings, vor allem mit Verweis auf verschiedene Foren in den sozialen Medien, dass diese Gruppe nicht auf einer Ebene mit anderen Gruppen, etwa den Pensionären oder den Menschen mit körperlicher Beeinträchtigung, die beide ebenfalls als organisierte soziale Gruppe an den Märschen teilgenommen hatten, wahrgenommen und repräsentiert worden sei. Dies zeigt leider, dass der Wahrnehmung und Anerkennung von Vielfalt in der belarussischen Gesellschaft bislang noch Grenzen gesetzt sind.

34 Spezielle Umfragen unter den Teilnehmerinnen der Frauenmärsche gibt es leider nicht. Generell behindert das Regime bereits seit vielen Jahren unabhängige Umfragen, vor Wahlen sind sie komplett verboten. Während der revolutionären Ereignisse wurden gleichwohl auf lokaler Ebene Umfragen durchgeführt. Siehe etwa die »Online-Volksbefragung« https://narodny-opros.net auf der Basis des in Belarus meistgenutzten Messengers »Viber« sowie die »Stimmen der Straße«, eine Umfrage unter Protestteilnehmer:innen.

35 An den zehn Umfragen hatten sich zwischen 1510 und 11 196 Menschen beteiligt, die stets erklärt hatten, sie würden an den Protesten teilnehmen und hätten dies auch in den kommenden Wochen vor. Chronika protestov v Belarusi glazami samich protestujuščich, 27.11.2020 // Narodny opros, https://narodny-opros.medium.com/ chronika-protestov-v-belarusi-glazami-samich-protestujuščich-a 834dc8c8dd6

36 Oksana Šelest, »Belarusy gotovy k dolgoj bor'be«, 26.08.2020 // https://www.dw.com/ru/belorusy-gotovy-k-dolgoj-borbe-socio log-o-nastroenijah-protestujushhih/a-54704307

37 https://www.dw.com/ru/belorusskie-oppozicionery-kravcov-i-rodnenkov-rasskazali-kak-ih-i-kolesnikovu-vydvorjali-iz-strany/ a-54858169

38 Im Original ist die Parallele noch deutlicher, der Vokativ des Na-

mens Maria und das Wort für Mutter unterscheiden sich nur durch eine phonetische Nuance. – Anm. d. Übers.

39 Angaben des Belarussischen Menschenrechtszentrums *Wjasna*, http://spring96.org/ru/news/99505

40 Lomaskos im September in Belarus entstandenen Tagebücher sind u. a. hier veröffentlicht: https://thenib.com/a-revolution-in-bela rus/

41 http://antiplatforma.by

42 Facebook-Eintrag vom 9.10.2020 (gekürzt) – Als »Stille« (tichari) werden in Belarus Männer bezeichnet, die für die staatlichen Einsatzkräfte arbeiten, aber in Zivil auftreten. Die meisten der Verhaftungen im Sommer und Herbst 2020 wurden von solchen »Stillen« durchgeführt. Wo sich kleinere Menschengruppen versammelten, fuhren solche Männer in Kleinbussen vor, zogen einzelne Personen heraus und brachten sie auf ein nahe gelegenes Polizeirevier. – Anm. d. Übers.

43 Judith Butler, *Anmerkungen zu einer performativen Theorie der Versammlung*, aus dem Amerikanischen von Frank Born, Berlin 2018, S. 175.

44 Andreas Zick, Beate Küpper, Andreas Hövermann, *Die Abwertung der Anderen. Eine europäische Zustandsbeschreibung zu Intoleranz, Vorurteilen und Diskriminierung.* Friedrich-Ebert-Stiftung 2011. S. 72 // https://library.fes.de/pdf-files/do/07905-20110311.pdf

45 Care work and care jobs. For the future of decent work. International Labour Organization 2018. Pp. XXIX-XXX // https://www.ilo. org/wcmsp5/groups/public/–dgreports/–dcomm/–publ/docu ments/publication/wcms_633135.pdf

II
Die belarussische Gesellschaft im Prozess der Revolution

1 Gene Sharp, *The Politics of Nonviolent Action*, Boston 1973, S. 4.

2 Judith Butler, *Anmerkungen zu einer performativen Theorie der Versammlung*, aus dem Amerikanischen von Frank Born, Berlin 2018, S. 242.

3 Ebd.

4 Siehe Maryia Rohava, Fabian Burkhardt, »Diktatur ist unser Mar-

kenzeichen«. Belarus: Machtvertikale vs. horizontale Gesellschaft, in: Macht statt Gewalt. Belarus: Schritte zur Freiheit [= Osteuropa, 11-12/2020], S. 127-146.

5 Vgl. Šrajbman, A., Kak Lukašenko izmenil politiku v Belarusi? 07.06.2019 // tut.by, https://news.tut.by/economics/640509.html

6 Änderung des Gesetzes über Großveranstaltungen in Belarus vom 8.11.2011. Zakon Respubliki Belarus' ot 08.11.2011 № 308-Z »O vnesenii izmenenij i dopolnenij v Zakon Respubliki Belarus' »O massovych meroprijatijach v Respublike Belarus'« // Pravo. Zakonodatel'stvo respubliki Belarus' // www.levonevski.net/pravo/norm 2013/num07/d07152.html

7 Zu den Protesten im Dezember 2010 und der Niederschlagung siehe die Beiträge in: Der Fall Belarus. Gewalt, Macht, Ohnmacht [= Osteuropa, 12/2010].

8 Zum Verhältnis zwischen Belarus und Russland siehe: Sabine Fischer, Janis Kluge, Astrid Sahm, Souveränität, Subordination, Integration. Schlüsselfragen zwischen Moskau und Minsk, in: Macht statt Gewalt. Belarus: Schritte zur Freiheit [= Osteuropa, 11-12/2020], S. 291-304.

9 Kirill Gajduk, Elena Rakova, Vitalij Silickij (red.), Social'nye kontrakty v sovremennoj Belarusi. SPb. 2009 //http://www.research.by/webroot/delivery/files/books/socialcontract2010r.pdf, S. 5.

10 Zum paternalistischen Staatsverständnis des Regimes und der Entwicklung einer unabhängigen Zivilgesellschaft in Belarus siehe die grundlegende Studie von Astrid Sahm: Gesellschaft als eigenständige Veranstaltung, in: Konturen und Kontraste. Belarus sucht sein Gesicht [= Osteuropa, 2/2004], S. 96-110.

11 Vgl.: Gleb Šimanovič, Vlijanie izmenenij social'no-ėkonomičeskoj politiki na položenie požilych ljudej v Belarusi, 13.05.2016 // Issledovatel'skij centr IPM, http://www.research.by/publications/dp/dp1604/ Zum Wirtschaftsmodell des Lukaschenko-Regimes siehe: Roland Götz, Staatskapitalismus à la Belarus. Sonderweg, Umweg oder Sackgasse? In: Macht statt Gewalt. Belarus: Schritte zur Freiheit [= Osteuropa, 11-12/2020], S. 35-59.

12 Dies sagten 80 Prozent der Befragten. Kirill Gajduk, Elena Rakova, Vitalij Silickij (red.), Social'nye kontrakty v sovremennoj Belarusi. Op. cit., S. 64.

13 Ebd., S. 174-175.

14 V PVT prinjali 71 kompaniju // https://www.park.by/press/news/
    post-2653/. Zur Entwicklung des IT-Sektors siehe: Alexandra Mur-
    phy, Vom Boom zum Brain Drain. Der belarussische IT-Sektor und
    das Regime, in: Macht statt Gewalt. Belarus: Schritte zur Freiheit
    [= Osteuropa, 11-12/2020], S. 321-330.

15 Ministr ėkonomiki: belorusskoe IT sravnjalos' po značimosti s sel's-
    kim chozjajstvom (6,1 % v VVP vs 7,2 %), 27.11.2019 // https://dev.
    by/news/it-sektor-economy

16 Ulej // https://ulej.by/about/ulej. Zum heutigen Kurs sind dies gut
    300000 Euro. Allerdings ist aufgrund niedrigerer Preise die Kauf-
    kraft von 1 Mio. Rubel in Belarus größer als die von 300000 Euro
    in Deutschland. – Anm. d. Übers.

17 Zur Pandemiepolitik des Regimes im Frühjahr 2020 siehe Astrid
    Sahm, Riskanter Sonderweg. Belarus und die COVID-19-Pandemie,
    in: Labortest. Pandemiebekämpfung im Osten Europas [= Osteuro-
    pa, 3-4/2020, S. 99-110.

18 Die Vereinten Nationen geben für Belarus im Zeitraum April-Juni
    2020 eine Übersterblichkeit von 5500 Menschen im Vergleich zum
    Durchschnittswert im gleichen Zeitraum der vorhergehenden fünf
    Jahre an. Dies ist das Vierzehnfache der offiziell angegebenen Zahl
    der Todesfälle in Zusammenhang mit COVID-19. – https://nn.by/?
    c=ar&i=258542&fbclid=IwAR27vST905GykduPdOnCali10InAj
    ON1ZsiovSrsZNf5zWfG2-DOulYKgI8

19 Vgl. Anna Ljubakova, Belarus' i social'nyj kontrakt: zaplatit li Luka-
    šenko cenu za neustojku? 29.05.2020 // Opendemocracy, https://
    www.opendemocracy.net/ru/belarus-covid/

20 Denis Dzjuba, Belorusy ocenili, kak stali žit' vo vremja ėpidemii.
    Novoe issledovanie Vardomackogo, 29.04.2020 // Belsat, https://be
    lsat.eu/ru/news/belorusy-otsenili-kak-stali-zhit-vo-vremya-
    epidemii-novoe-issledovanie-vardomatskogo/

21 Kak žiteli Belarusi reagirujut na koronavirus? Vtoraja volna issledo-
    vanija, 22-24 aprelja, Satio, Beroc // https://marketing.by/SATIO
    +BEROC_Kak_žiteli_Belarusi_reagirujut_na_pandemiju_CO
    VID_II.pdf

22 U belorusskich protestov ženskoe lico? Počemu sociolog s ėtim ne
    soglasna, 12.04.2020 // DW, https://www.dw.com/ru/u-belorusskih-
    protestov-zhenskoe-lico-pochemu-sociolog-s-jetim-ne-soglasna/a-
    55813069

23 Als die Aktion am 26. Juni beendet wurde, belief sich die Spendensumme auf 335 000 Doller, mehr als jemals zuvor von Einzelpersonen in Belarus gespendet worden war.

24 Anna Ljubakova, Belarus' i social'nyj kontrakt: zaplatit li Lukašenko cenu za neustojku? Op. cit.

25 Bei den Präsidentschaftswahlen 2015 und den Parlamentswahlen 2019 wurden jeweils mehr als ein Drittel der Stimmen vorzeitig abgegeben und waren damit jeder Kontrolle durch eine Wahlbeobachtung entzogen. Vgl. Analitičeskij otčet po rezul'tatam nabljudenija za vyborami v Palatu predstavitelej Nacional'nogo sobranija, 18.11.2019 // Pravozaščitnyj centr »Vjasna«, http://elections2019.spring96.org/be/news/95162 und http://elections.spring.org/be/news/95162

26 Auch die mittlerweile als »alte Opposition« bezeichneten Parteien haben im Frühjahr 2020 einen anderen Weg eingeschlagen und führten Vorwahlen zur Kür ihres Präsidentschaftskandidaten durch. Erfolg hatten sie jedoch keinen: Zu den öffentlichen Veranstaltungen kam fast niemand.

27 Vgl. Aleksandr Turčinskij, Kakoj bojkot nužen oppozicii, 25.04.2013 // Ėkspertnoe soobščestvo Belarusi »Naše mnenie«, https://nmnby.eu/news/analytics/5156.html

28 »Čestnye ljudi«: »Esli uvidim, čto Lukašenko nabral 51 %, my dolžny budem priznat' éti cifry«, 25.07.2020 // Tut.by, https://42.tut.by/694135

29 Zu EPAM siehe https://careers.epam.by/company

30 »Ja ponimaju, čto mogu poterjat' vse«. Razrabotčik »Golosa« vyšel iz teni – im okazalsja top-menedžer IT-kompanii, 21.08.2020 // onliner, https://tech.onliner.by/2020/08/21/ya-ponimayu-chto-mogu-poteryat-vse-razrabotchik-golosa-vyshel-iz-teni-im-okazal sya-top-menedzher-it-kompanii

31 Čto izvestno o zaderžannom blogere Tichanovskom, kotoryj zajavil, čto idet v prezidenty, 07.05.2020 // tut.by, https://news.tut.by/society/683537.html?c

32 Nach der Gründung des Vereinigten Teams trat diese Darstellung in den Hintergrund und wurde allenfalls noch in satirischer Absicht verwendet.

33 Hannah Arendt, *Über die Revolution*, München 1965, S. 41.

34 Institut sociologii NAN: V aprele uroven' doverija Lukašenko v

Minske sostavljal 24 %, 19.06.2020 // tut.by, https://news.tut.by/economics/689489.html

35 Itogovyj analitičeskij otčet po rezul'tatam nabljudenija za vyborami Prezidenta Respubliki Belarus' 2020 goda, 15.12.2020 // Pravozaščitnyj centr »Vjasna«, http://elections2020.spring96.org/ru/news/10 0922

36 Vybory bez nabljudatelej v Belarusi: na učastki ne puskajut, protokoly ne dajut, 07.08.2020 // DW, https://www.dw.com/ru/kto-i-kak-nabljudaet-za-vyborami-prezidenta-belarusi/a-54469987

37 Deutsche Übersetzung des Abschlussberichts zu den Wahlen unter: https://www.zeitschrift-osteuropa.de/blog/wahlfaelschung-in-belarus/

38 Eine interaktive Karte aller Hofgemeinschaften mit solchen Telegram-Kanälen in ganz Belarus findet sich unter: https://dze.chat/

39 Dmitrij Strocev, Iskusstvo narodnogo nepovinovenija, 10.12.2020 // Colta, https://www.colta.ru/articles/specials/26156-dmitriy-strotsev-fenomen-belorusskogo-protesta

40 »Kak v vojnu: ležali na polu, vozducha ne chvatalo«. Čto govorjat ljudi, kotorye 15 časov prjatalis' ot silovikov, 16.11.2020 // tut.by, https://news.tut.by/society/707976.html?c&fbclid=IwAR31cTbJ8 Yhhq_-oLemeScdGhPzo8qAo6NcO3UolGd_4u7KOB6xIiwO vjkA

41 Aleksandr Jaroševič, Stačkom MTZ: »Nastroenie boevoe. My budem idti do konca«, 17.08.2020 // Naviny.by, https://naviny.online/article/20200817/1597678448-stachkom-mtz-nastroenie-boevoe-my-budem-idti-do-konca

42 Das Ermittlungskomitee ist eine direkt dem Präsidenten unterstellte Behörde mit weitreichenden Befugnissen und bewaffneten Ermittlungstrupps, die im Jahr 2011 nach russischem Vorbild aus der Staatsanwaltschaft ausgegliedert wurde. – Anm. d. Übers.

43 Ich danke Olga Golubko für ihre Hilfe beim Zusammentragen dieser Informationen.

44 H.R.8438 – Belarus Democracy, Human Rights, and Sovereignty Act of 2020. https://www.congress.gov/bill/116th-congress/house-bill/8438/text

45 Freiheit für Maria Kalesnikava! #FreeMaria // Change.org, https://www.change.org/p/freiheit-f%C3%BCr-maria-kalesnikava-free maria-heikomaas-europarl-de-ep-president-vonderleyen

46 Repression an Universitäten in Belarus stoppen! // Change.org, https://www.change.org/p/aliaksandr-lukašenka-repression-at-universities-in-belarushttps://www.dgo-online.org/gewalt-an-universitaeten-in-belarus/

47 Anna Rynda, Sergej Kozlovskij, Anastasija Golubeva, »Ticho, popartizanski«: kak rabotaet sistema pomošči učastnikam protestov v Belarusi, 16.09.2020 // https://www.bbc.com/russian/features-54167154

48 Tamara Kolos, »Ėto ne vsegda legko«. Kak rabotaet informacionnyj centr otkrytych iniciativ pomošči postradavšim, 17.09.2020 // tut.by, https://42.tut.by/700747

49 Roman Protasevič // 24SMI, https://24smi.org/celebrity/130481-roman-protasevich.html

50 Gregory Asmolov, The path to the square: the role of digital technologies in Belarus' protests, 01.09.2020 // Opendemocracy, https://www.opendemocracy.net/en/odr/path-to-square-digital-technology-belarus-protest/

51 Hannah Arendt, Vita Activa oder Vom tätigen Leben, München 2003, S. 259.

52 »Obeščajut perekryt' kislorod«. Po vsej strane ustraivajut mitingi za Lukašenko – s podvozom i premijami, 19.08.2020 // tut.by, https://finance.tut.by/news697120.html

53 Zur Haltung der Belarussischen Orthodoxen Kirche zu den Protestmonaten siehe: Nikolay Mitrokhin, Zwischen allen Stühlen. Die Belarussische Orthodoxe Kirche, in: Macht statt Gewalt. Belarus: Schritte zur Freiheit [= Osteuropa, 11-12/2020], S. 223-240.

54 Massovye zaderžanija i primenenie gaza. Kak prošel 29-j den' protestov v Belorussii, 06.09.2020 // TASS, https://tass.ru/mezhdunarodnaya-panorama/9385241

55 Bolee 600 graždan obratilis' s zajavlenijami o polučenii telesnych povreždenij pri ich zaderžanii pravoochraniteljami – SK, 17.08.2020 // https://www.belta.by/society/view/bolee-600-grazhdan-obratilis-s-zajavlenijami-o-poluchenii-telesnyh-povrezhdenii-pri-ih-zaderzhanii-403106-2020/. Am 11. September stieg die Zahl der Menschen, die sich wegen Verletzungen beschwert hatten, die sie bei der gewaltsamen Auflösung von Demonstrationen erlitten hatten, auf 1800. // Doklad nepravitel'stvennych organizacij v preddverii prinjatija Komitetom protiv pytok OON spiska voprosov k Respublike Be-

larus'. Doklad podgotovlen belorusskoĭ obščestvennoĭ iniciativoĭ Meždunarodnyĭ komitet po rassledovaniju pytok v Belarusi-2020 v sotrudničestve s ROO »Pravovaja iniciativa«, Učreždeniem »Konsul'tacionnyĭ centr po aktual'nym meždunarodnym praktikam i ich implementacii v prave ›Ch'juman Konstanta‹, Publičnyĭ učreždeniem »Belaruskiĭ dokumentacionnyĭ centr«. Minsk, 2021 // www.le gin.by/uploads/2021_report_International_Committee_on_Investi gation_of_Tortures_in_Belarus.pdf

56 Lukašenko vstupil v dolžnost' Prezidenta Belarusi, 23.09.2020 // Belta, https://www.belta.by/president/view/lukashenko-vstupil-v-dolzhnost-prezidenta-belarusi-407890-2020/

57 Situacija s pravami čeloveka v Belarusi. Sent abr' 2020 // Pravozaščitnyj centr »Vjasna«, http://spring96.org/ru/news/99777

58 »Esli daže invalidy vyšli – éto uže dno«, 23.10.2020 // Opendemocracy, https://www.opendemocracy.net/ru/esli-vyshli-invalidy-eto-uzhe-dno/

59 Alena Minchenia, Nadzeya Husakouskaya, For many people in Belarus, change has already happened, 19.11.2020 // Opendemocracy, https://www.opendemocracy.net/en/odr/many-people-belarus-change-has-already-happened/. Bei einer Umfrage der Initiative »Volksbefragung« im Dezember 2020 nannten die Teilnehmer »Solidarität unter den Menschen« und »staatsbürgerliche Reife« an erster Stelle. Narodnyj opros, https://narodny-opros.medium.com/протестное-движение-в-беларуси-итоги-на-рубеже-2020-года-31e73bf9c529

60 Eine Umfrage von Chatham House im Januar 2021 ergab, dass unter der städtischen Bevölkerung nur ein Viertel zu Lukaschenko stehen. 50 Prozent der Befragten gab an, am 9. August für Tichanowskaja gestimmt zu haben, 21 Prozent für den langjährigen Machthaber. Chatam House // https://belarusinfocus.pro/sites/default/files/20 210209_-_opinion_poll_po-russki.pdf

61 Eine profunde Analyse der Lage bietet Astrid Sahm, Politisches Patt in Belarus. Etappen einer Systemkrise, in: Macht statt Gewalt. Belarus: Schritte zur Freiheit [= Osteuropa, 11-12/2020], S. 17-33.

62 »Škola – éto faktičeski režimnyj ob"ekt«, 20.11.2020 // Opendemocracy, https://www.opendemocracy.net/ru/belarusskie-uchitelya-o-proteste-i-professii/

63 So traten zwischen Januar und Oktober 2020 940 Mitglieder aus der

offiziellen Gewerkschaft von Grodno Azot aus. Am 1. November gehörten ihr noch 6321 Arbeiter an. Die Zahl der Mitglieder der unabhängigen Gewerkschaft stieg von 20 auf 400. Auf der Internetplattform »Profsojuz onlajn« (Gewerkschaft online) wurden bis Ende Oktober 2020 25 Basisgruppen geschaffen, darunter die von Mitarbeitern des Gesundheitswesens aus Minsk gegründete Basisorganisation »Weiße Kittel«, bei der 1000 Personen die Mitgliedschaft beantragten. V Belarusi rabotaet onlajn-platforma profsojuzov. V profsojuz mogut vstupit' i ajtišniki, 19.10.2020 // Onliner, https://tech.onliner.by/2020/10/19/v-belarusi-rabotaet-onlajn-platforma-profsoyuzov

64 Judith Butler, *Anmerkungen zu einer performativen Theorie der Versammlung*, aus dem Amerikanischen von Frank Born, Berlin 2018, S. 247.

65 Samyj izvestnyj rabočij Belarusi – ob areste, svoem meste v politike i zavodčanach, 07.10.2020 // tut.by, https://news.tut.by/society/70 2302.html?c

66 Andrej Vardomackij ob unikal'nom opyte belorusskogo, 25.02.2020 // Thinktanks.by. Sajt belarusskich issledovatelej, https://think tanks.by/publication/2021/02/25/andrey-vardomatskiy-ob-unikal nom-opyte-belorusskogo-protesta.html

67 Ebd.

68 Bei der erwähnten Umfrage von Chatham House [Anm. 60] gaben 25,4 Prozent der Befragten an, dass sie die Protestaktionen eindeutig befürworten, weitere 18,6 Prozent erklärten, sie sähen sie eher positiv als negativ. Ein Drittel kritisierte die Bewegung und rund 20 Prozent wollten sich nicht festlegen. // https://belarusinfocus.pro/sites/default/files/20210209_-_opinion_poll_po-russki.pdf

III
Auf dem Weg in eine postnationale demokratische Zukunft. Versuch einer Konzeptualisierung

1 Alena Minchenia, Nadzeya Husakouskaya, For many people in Belarus, change has already happened, 19.11.2020 // Opendemocracy, https://www.opendemocracy.net/en/odr/many-people-belarus-change-has-already-happened/

2 Aleksandr Peršaj, Tutějšasc' kak taktika kul'turnogo soprotivlenija: o lokal'nosti, social'noj mobil'nosti i belarusskoj nacional'noj identičnosti // Forum novejšeĭ vostočnoevropejskoj istorii i kul'tury – Russkoe izdanie No 2, 2012 – http://www1.ku-eichstaett.de/ZIMOS/forum/inhaltruss18.html

3 Pierre Rosanvallon, *Demokratische Legitimität. Unparteilichkeit – Reflexivität – Nähe*, aus dem Französischen von Thomas Laugstien, Hamburg 2010, S. 75.

4 Ebd., S. 187, 188 f.

5 Siehe S. 218, Anm. 26.

6 Jürgen Habermas, *Zur Verfassung Europas. Ein Essay*, Berlin 2011, S. 18.

7 Michail Minakov, *Dialektika sovremennosti v Vostočnoj Evrope. Opyt social'no-filosofskogo osmyslenija*, Kiev 2020., S. 23.

8 Artur Atanesjan, »Barchatnaja revoljucija« v Armenii: potencial, dostiženija i riski politiko-protestnoj aktivnosti // Polis. Političeskie issledovanija. 2018. No 6. S. 80-98. S. 90 // https://www.research gate.net/publication/329102814_Barhatnaa_revolucia_v_Armenii_potencial_dostizenia_i_riski_politiko-_protestnoj_aktivnosti

9 Ebd., S. 91.

10 Das Seminar fand am 18.9.2021 im European College of Liberal Arts (ECLAB) im halböffentlichen Format statt, d. h. statt des üblichen Aufrufs zeichneten wir es im Forum auf. In einem Facebook-Eintrag vom selben Tag beschrieb ich das Konzept einer Revolution-in-Progress. Daran anknüpfend hat Tanya Artimovich den Begriff in der Ausgabe der pARTisanka verwendet, die den weißrussischen Protesten gewidmet ist. Siehe unten Anm. 13.

11 Grigor Atanesjan, Kto rasstreljal demonstrantov v Erevane v 2008 godu? Sledstvie ukazalo na otrjad iz Karabacha, 07.08.2019 // VVS, https://www.bbc.com/russian/features-48958033

12 Siehe dazu: Ovanes Igitjan // Nina Achmeteli. »Revoljucija ljubvi« v Armenii: opravdalis' li nadeždy demonstrantov? 19.08.2018 // BBC, https://www.bbc.com/ukrainian/features-russian-45240169

13 Der Begriff *revolution-in-progress* wurde in der Folge als Schlüsselbegriff in einer Sondernummer der belarussischen Zeitschrift *pARTisanka*, 35/2020 verwendet. Siehe die Rezension dazu: Eure Vergangenheit – unsere Zukunft. *Eurozine Review*, 2/2021, 03.02.2021, https://www.eurozine.com/eure-vergangenheit-unserer-zukunft/ –

Von »Demodernisierung« spricht der ukrainische Philosoph Michail Minakov in *Development and Dystopia. Studies in post-Soviet Ukraine and Eastern Europe*, Stuttgart 2018.

14 Susanne Lettow, »Dimensions of Emancipation. Rethinking Subjectivity, Domination and Temporality in Feminist Theory«. In: *Redescriptions. Political Thought, Conceptual History and Feminist Theory* 19 (1) 2016, 9-28, Zitat: S. 15.

15 Isabell Lorey, *Demokratie im Präsens. Eine Theorie der politischen Gegenwart*, Berlin 2020, S. 194.

16 Ebd., S. 195.

17 Natallja Vasilevič, »Ėto vovse ne Majdan!«, 12.08.2020 // Opendemocracy, https://www.opendemocracy.net/ru/natallya-vasilevich-belarus-protest/

18 Die Abbildung ist abrufbar unter https://vk.com/wall-685293 21_181

19 Denis Martinovič, »Žyve Belarus'!«. Kak pojavilsja znamenityj lozung i kto ego ispol'zoval, 11.11.2020 // Tut.by, https://news.tut.by/culture/707416.html

20 Mova Nanova // https://www.movananova.by/pra-kursy/

21 Vgl. Aleksej Bratočkin, Politika pamjati v prostranstve Minska: meždu zabveniem i ideej »množestvennosti pamjatej«, 27.01.2017 // Gefter, http://gefter.ru/archive/20927

22 In: Aleksandra Boguslavskaja, Pamjatnik knjazju Gediminu: VKL stanovitsja brendom v Belarusi? 27.09.2019 // DW, https://www.dw.com/ru/pamjatnik-knjazju-gediminu-vkl-stanovitsja-brendom-v-belarusi/a-50328449

23 Siehe https://news.tut.by/tag/2581-100-god-bnr.html

24 Struggle over Identity: The Official and the Alternative »Belarusianness«, Budapest 2013.

25 Nélli Bekus, »Daže stil' vašej odeždy pokazyvaet, vy sub"ekt ili ob"ekt vybora«. Issledovatel'nica – o tom, kak my izmenilis' za 26 let, 02.12.2020 // Citydog, https://citydog.by/post/belorusy-izmenilis/

26 Elizaveta Gaufman, The gendered iconography of the Belarus protest, 03.01.2021 // New Perspectives, Volume 29 Issue 1, March 2021, pp. 80-89, https://journals.sagepub.com/eprint/IEPHIUX 2SDMXAR2TPEX7/full?fbclid=IwAR1bH6Rkq4FQnkUvocg TYjQT7JtZpJR-x13O2lHCcHhBLMNgdIj6noR_rzs

27 In: Aleksandra Boguslavskaja, »Belorusy gotovy k dolgoj bor'be«. Sociolog o nastroenijach protestujuščich, 26.08.2020 // DW, https:

//www.dw.com/ru/belorusy-gotovy-k-dolgoj-borbe-sociolog-o-nastroenijah-protestujushhih/a-54704307

28 In: Sergej Medvedev, Probuždenie Belarusi, 09. 08. 2020 // Svaboda, https://www.svoboda.org/a/30766373.html

29 Andrej Vardomackij, U storonnikov i protivnikov peremen – cennostnaja vzaimoneperechodimost', 03. 12. 2020 // Thinktanks, https://thinktanks.by/publication/2020/12/03/andrey-vardomatskiy-u-storonnikov-i-protivnikov-peremen-tsennostnaya-vzaimo neperehodimost.html

30 Genrych Kiršbaům, Rėvaljucyja cjarpennja. Uryŭki z knigi »Belaru-ski brykalaž«, 14. 01. 2021 // Abdziralovič, https://abdziralovic.by/genryx-kirshbaum-revalyucyya-cyarpennya/?fbclid=IwARobhyax ofYfX87zxJrN1vtQSn7xXgJ-AJQqWWJNWwj7_NfUCJq8Oc 8MpEA

31 Aus dem Song »Prawily« der aus Mogiljew stammenden Gruppe NIZKIZ.

32 Valentin Akudowitsch, *Der Abwesenheitscode. Versuch, Weißruss-land zu verstehen*, aus dem Russischen von Volker Weichsel Berlin 2013, S. 106.

33 Valjancin Akudovič, Razburyc' Paryž // Fragmėnty, №3-4, 2000, https://knihi.com/storage/frahmenty/9akudovich.htm

34 Der Co-Vorsitzende der belarussischen Christdemokraten Vitali Rymaschewski packte all dies in einen einzigen Facebook-Post. Greta Thunberg, ein Kind, werde im politischen Kampf schamlos ausgebeutet, die Mächtigen aller Herren Länder würden vor ihr scharwenzeln, um der öffentlichen Meinung zu gefallen, und überhaupt sei es wissenschaftlich nicht erwiesen, dass der Klimawandel menschengemacht ist. FB-Post vom 26. 09. 2019 [zuletzt abgerufen am 10. 11. 2019] // https://www.facebook.com/RymasheuskiVi tal/photos/a.217209345437481/669251523566592/?type=3&theater

35 Tat'jana Sčitcova, Ėvristika i poėtika Belarusskoj revoljucii, 28. 12. 2020 // https://www.sn-plus.com/2020/12/28/evristika-i-poetika-bela russkoj-revolyuczii/?fbclid=IwAR1I5Cj9VdgwWVQN69EbIe VTqUxv25_8vEn1kLEbqeWT_onAjuakjMmdxE4

36 Sjargej Ablamejka, Vjalikae Belaruskae Nacyjanal'nae Paŭstan'ne, 31. 09. 2020 // Svaboda, https://www.svaboda.org/a/30812858.html

37 Alexej Bratotschkin, Erinnerungskultur in Belarus (1988-2016): Von der Spaltung zum konservativen Konsens? Vortrag auf der Kon-

ferenz: »Aus der Geschichte lernen? Erinnerungskultur als Weg zu einer europäischen Verständigung« vom 27. bis 30. Oktober 2016 in Warschau // IBB, https://ibb-d.de/wp/wp-content/uploads/2016/12/Vortrag-Bratotschkin.pdf

38 Branko Milanović, *Die ungleiche Welt – Migration, das Eine Prozent und die Zukunft der Mittelschicht*, aus dem Englischen von Stephan Gebauer, Berlin 2016, S. 220.

39 Arjun Appadurai, Demokratiemüdigkeit. In: Heinrich Geiselberger (Hg.), *Die große Regression. Eine internationale Debatte über die geistige Situation der Zeit*, Berlin 2017, S. 18.

40 Paul Mason, Keine Angst vor der Freiheit, ebd., S. 151.

41 Ebd., S. 151-152.

42 Jürgen Habermas schreibt von den Studenten der mittelalterlichen Universitäten, die entsprechend ihrer Zugehörigkeit zu einer landsmannschaftlichen Herkunft in »nationes« eingeteilt waren: »Mit zunehmender geographischer Mobilität diente der Begriff überhaupt der Binnendifferenzierung von Ritterorden, Universitäten, Klöstern, Konzilen, Kaufmannssiedlungen usw. Dabei verband sich die von anderen zugeschriebene nationale Herkunft von Anbeginn mit der negativen Abgrenzung des Fremden vom Eigenen.« Jürgen Habermas, *Die Einbeziehung des Anderen. Studien zur politischen Theorie*, Frankfurt am Main 1996, S. 133.

Inhalt

II
Die belarussische Gesellschaft im Prozess
der Revolution

III
Auf dem Weg in eine postnationale demokratische
Zukunft.
Versuch einer Konzeptualisierung

Jan-Werner Müller
- Furcht und Freiheit. Für einen anderen Liberalismus.
170 Seiten
- Was ist Populismus? Ein Essay. es-Sonderdruck. 159 Seiten

Oliver Nachtwey. Die Abstiegsgesellschaft. Über das
Aufbegehren in der regressiven Moderne. es 2682. 263 Seiten

Hanno Rauterberg. Die Kunst der Zukunft. Über den
Traum von der kreativen Maschine. es 2775. 195 Seiten

Andreas Reckwitz. Das Ende der Illusionen. Politik, Ökonomie und Kultur in der Spätmoderne. es 2735. 305 Seiten

César Rendueles. Kanaillen-Kapitalismus. Eine literarische
Reise durch die Geschichte der freien Marktwirtschaft. es
2737. 300 Seiten

Michel Serres. Was genau war früher besser? Ein optimisti-
scher Wutanfall. es-Sonderdruck. 80 Seiten

Philipp Staab. Digitaler Kapitalismus. Markt und Herrschaft
in der Ökonomie der Unknappheit. es-Sonderdruck. 344 Seiten

Carlo Strenger. Diese verdammten liberalen Eliten. Wer sie
sind und warum wir sie brauchen. es-Sonderdruck. 103 Seiten

Philipp Ther. Das andere Ende der Geschichte. Über die
Große Transformation. es 2744. 199 Seiten

David Van Reybrouck. Zink. es-Sonderdruck. 86 Seiten

Gabriel Zucman. Steueroasen. Wo der Wohlstand der Nationen versteckt wird. es-Sonderdruck. 118 Seiten